肥田舜太郎

ヒロシマの
記憶
原発の
刻印

～ヒロシマを知り原発を考える～

遊絲社

目次

ヒロシマの記憶　原発の刻印

カバー裏・表紙裏写真◎「しんぶん赤旗」提供　装幀◎溝江純　編集◎溝江航志

ヒロシマの記憶　原発の刻印

ヒロシマを知り原発を考える

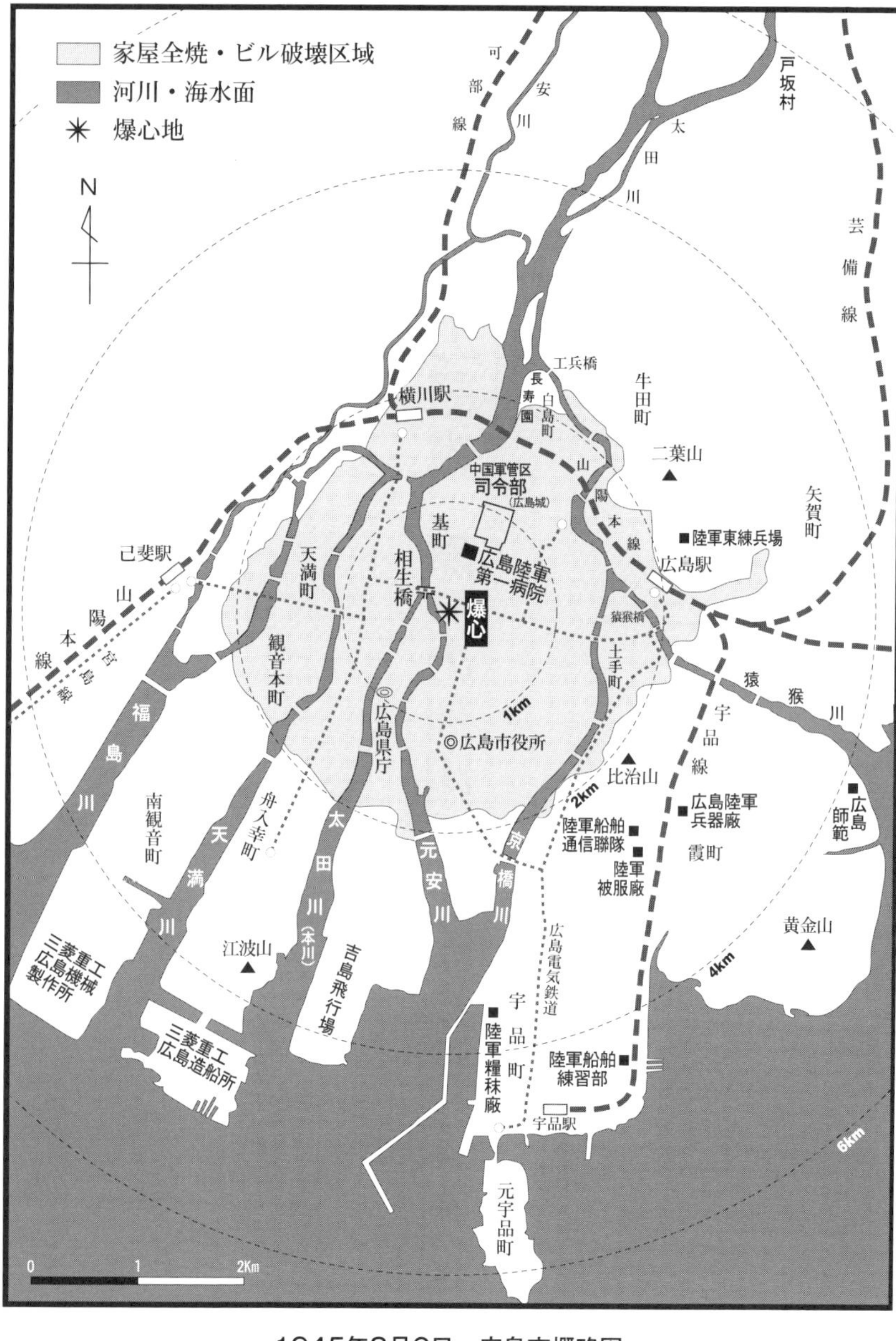

1945年8月6日　広島市概略図

（肥田舜太郎著『増補新版　広島の消えた日』（影書房刊）より転載）

みなさんに、重要な質問があります

わたくし肥田舜太郎から、まず最初に、みなさんに重要な質問をします。

この本を手に取ってくださったみなさんは、きっと、核兵器や原子力発電所や放射能の健康被害というものに嫌悪感《けんおかん》を感じて、できることなら、この世界からなくしてしまいたいと願っているだろうと思います。

そこで質問なのです。

核兵器や原発はなぜなくさなければいけないのか、あなたはその理由をどのように私に説明するでしょうか。


というのも、核兵器や原発をなくしたいというあなたに対し、

「核兵器は使用しなければ、つまり、ただ持っているだけなら戦争の抑止力になる」と考えている人たちもいますし、

「原発は事故を起こさなければ良いものじゃないの？」と反論する人たちもいるでしょう。

その人たちは意地悪でそう言ってくるのではありません。素朴《そぼく》に、本当にそう思って、あなたに疑問をぶつけてくるのです。

さて、その人たちに対して、あなたはどう答えますか？

今はすぐに答えてくださらなくても結構ですよ。

この問いを考えながら、この先を読み進めていただければと考えています。

この問いを受け止め、考えながらこの本を読んでいっていただきたい。

なぜ、どうして、核兵器や原発はこの世からなくなるべきなのか、それを分かるために私の今まで出会ったことを話したいと思ってます。

原爆投下前夜

肥田舜太郎。

二八歳の時に、私は現役《げんえき》の軍医として広島の陸軍病院におりました。昭和二〇（一九四五）年八月六日、広島で被爆をし、医者の立場で救護活動をしました。

私が勤めていたのは、爆心地から約五〇〇メートルという場所にあった病院です。病院は原爆の直撃に会い、五六四人の職員と三〇〇人の患者が、みんな殺されてしまいました。生き残ったのは、たった三人だけだったそうです。

この広島陸軍病院に私が赴任《ふにん》したのは、昭和一九年の八月　日——原爆が落ちる一年前——のことでした。

25歳（1942年）岐阜の連隊に召集

私は、生まれは広島なのですが、一年ほどで父親が転勤になって、大分のほうに引越しをしていましたから、それまで、広島には母親の里に遊びに行ったことがあるという程度でしか広島を知りません。

それが、軍の都合で広島の陸軍病院に赴任を命じられて、偶然ですけど広島へ行った。

そして一年後に原爆にあったのです。

私が広島の陸軍病院に赴任したとき、つまり原爆が投下される一年も前にはすでに、戦局は絶望的なのははっきりしていました。

口にこそ出さないものの、この戦争に勝てるなどと思っている人は軍隊のなかでも一人もおりません。

大本営が発表する「勝った！　勝った！」の戦況報告も、誰も信じる者はいませんでした。

みんな嘘だというのは、はっきりしていました。

陸軍病院ですからね。傷病兵が戦線から引き上げられてくるわけですが、その兵隊たちは全員、いったん広島の陸軍病院に入院して、そこから各病院に振り分けられることになっていましたから、最前線の状況は当然耳に入ってくるのです。

どの兵隊に聞いても、

「全滅です」とか、

「師団長以下戦死しました」というばかりで、勝った話なんてひとつもありません。

というわけで、この戦争は、こてんぱんに負かされて、もうすぐ終わるというのはわかっていました。そうした状況で、ひどい怪我をした兵隊、将校の医療をやっていました。
そして、八月六日を迎えたのです。

運命を変えた往診

その日の夜明け前、八月六日の午前二時のことです。広島から六キロ地点にある戸坂村《へさかむら》に住んでいる農家のおじいさんから、とつぜん孫の往診を頼まれました。病院に自転車で来ましてね。迎えに来たから、いっしょにこれから村へ行って、孫を診てくれと言う。

以前に診察したことがある子どもです。心臓に疾患《しっかん》を持ってました。心臓弁膜症《べんまくしょう》です。その子の父親は戦地に行って、母親が実家に帰っていて、おばあさんは死んで、おじいさんがひとりっきりというときに、夜に発作を起こした。村はもちろん無医村ですし、その晩、私が下宿じゃなくて病院に泊まっているとちゃんと調べて知っていたんですね。病院の衛兵を口説《くど》いて、私が寝ているのを起こしにきて、私を自転車の後《うし》ろにまたがらせて、連れてったんです。

それが運命の分かれ道だった。私は、それで助かったのです。私が死ななかったのは、まったく偶然なんです。運としか言いようがない。

本当なら私は、爆心地から僅《わず》か五〇〇メートルしか離れていない第一陸軍病院で、仲間と入院患者たちといっしょに、即死しているはずでした。

ともかく。

おじいさんの自転車の荷台にまたがって、六キロ離れた戸坂村《へさかむら》まで行って往診した。夜中の三時に子どもを診て、四時ごろに終わった。そこで、帰ろうと思えば帰れるんですけど、ここには車なんてものはありません。自転車で一人で帰るのもたいへん。実は、たまたま病院にやって来ていた数人の高級軍医の接待役をさせられ、私はお酒を飲んで酔っていました。ですから往診に向かうときのおじいさんの漕《こ》ぐ自転車の荷台からも、何度も転げ落ちたくらい疲れ切っていたのでした。

考えれば朝の始業に間にあえばいいんですから、朝の七時に起きれば大丈夫と思って、おじいさんの家で寝たんです。子どものとなりに布団を敷いてね。

ところが寝坊してしまったのです。

私の八月六日の朝は、寝坊で始まったのです。

気がついたら八時を一〇分も過ぎている。目を覚ましてびっくりしましたけど、後の祭りでした。とにかく、すぐ病院に帰らなければと思った。

子どもはとなりですやすや寝ていて、一応、発作はおさまっている。おじいさんは、早朝には畑に出かけているので、家にはいません。ここで私が帰ると、子どもが一人になるでしょう？　目を覚ますと泣くに決まってます。そうするとまた心臓の発作が起きます。だから、鎮静剤《ちんせいざい》の注射をしようとその支度《したく》をしたんです。

当時の農家ですから、雨戸は開いていて、注射の支度をしながら、外の雲ひとつない青空をなんとはなしに眺めていた。

そのとき、上空の高いところできらっと光った。朝日できらきら、ぴかぴかと光ったものが視界に入ってきた。飛行機が一機、上空の高いところを飛んでいるのです。

Ｂ29です。

そんな高空を飛べる飛行機は日本にはないことは、私も一応は軍人だから知っている。日本の戦闘機は、せいぜい三〇〇〇メートルくらいしか上がらない。それもみんなすでに墜とされていますから、迎撃《げいげき》に上がろうにも飛ばす飛行機がない。

だから、いま見えているきらきら光っている飛行機は、アメリカの飛行機だということは分かりました。

実は戦争末期のこの時期には、Ｂ29は、そんなふうに毎日のように、朝から広島の上空に侵入してきていました。三、四機でくる。あるいは一〇機くらいでくる。または二〇機、三〇機の編隊がくる。そのたんびに空襲警報が鳴るんです。なのに、一発も爆弾が落ちないんです。上空を通ってはよそに行くんです。

それを当時、誰もが不思議がっていたのです。「広島にはどういうわけか爆弾が落ちない」と。

数十機の編隊がきても、広島には爆弾を落とさない。理由は当時は皆目《かいもく》わからなかったけれども、編隊でも爆弾を落とさないのに、今日は見たところ一機だ。まさか爆弾を落とすまいと、まったく心配もしませんでした。

目の端に飛行機を見ながら、子どもに注射をするために注射器の針を上に向けて、なかの空気を押し出そうとしたとき、強烈な光が、ぱっと目のなかで炸裂《さくれつ》した。それとともに、ぶわっと熱風が顔や腕をなであげた。

目がくらんで、目の前が真っ白になってしまった。あっと声を出したかどうかは覚えていません。注射針がどうなったかも覚えていません。ものすごい閃光《せんこう》です。

広島の宮島に旅館があったんですが、当時、この旅館のおかみさんが偶然見てて、目をやられたという話を聞いたこともあります。光でね。放射線による白内障になってしまったという噂です。

何度も繰り返しますが、それはものすごい光なんです。

光っただけではなく、熱かった。光った途端に顔や腕に熱を感じた。

私は、本能的に目を覆《おお》って伏せた。熱と光は瞬間のことでした。

しばらく伏せていたのですが、何も起こらない。爆撃を受けたわけではなかったのか？

「おかしい、どうも静かだ」

何が起きたのかと恐る恐る顔を上げ広島の空を見ると、突然、雲ひとつない夏の青空に、巨大な指輪を横たえたように、大きな丸い火の輪が浮かびました。

と、その火の輪の真ん中に突然、小さな白い雲の塊ができた。その白い雲は瞬く間に大きくなり、そして火の輪にくっついた。するとそれがそのまま真っ赤な火の玉になった。いわゆる「火球」になる。記録によると直径が約三〇〇メートルだったのだそうです。

私が見た感じでは、三〇〇メートルなんてものではなく、もっと巨大だった。目の前の空間に、ものすごい大きな、真っ赤な火の玉がいきなりできていた。太陽としか思えなかった。二つ目の太陽が目の前にできたとしか思えなかった。

恐ろしいのだけれど、目はくぎ付けになった。目を離すことが出来ない。ずっと見てたら、その火の玉の上の方から雲がどんどんどんどんどん昇るんです。同時に下は広島市を踏みしだく巨大な火柱となった。

私がその光景を見ていた戸坂村《へさかむら》と広島の間には、丘があるのですが、その丘の向こう側に火柱が立っている。そういう光景でした。火柱は五色《ごしき》の光を放っていました。五色の光はチカチカ光ってきれいなのです。きれいと言っても、生まれてはじめて見る光景ですので激しい恐怖を感じました。あまりの恐怖に腰をついたまま五色の光を見ていました。「キノコ雲」とのちの文献では書いてあるけども、あれは後になって写真を見て名前をつけたんです。少なくとも私には、当時は火柱に見えた。丘の連なりの向こうに巨大な火柱がそびえ立っている。

やがて、丘の向こうから黒い雲が、帯のようにずうっと地面を低くなめるように現れました。不気味な黒い雲が丘の稜線《りょうせん》いっぱいに顔を出した。

大量の土砂と砂塵《さじん》をいっぺんにまくり起こしたので、黄色くも見えるし、黒くも見えた。そういう雲。

それが波のようにくねりながら、広島との境にある山を越えて丘を乗り越えてこちら側に崩れ落ちはじめた。

広島の街の幅いっぱいの雲が、こちらに向かってまさしく波のようにうねりながら覆いかぶさって崩れ落ちる。そして、そのまんま渦を捲《ま》いて、私のほうに波の雲が走ってくる。林やら町やらぜんぶ巻き込みながら。それを、どうすることもできず呆然と私は見ていたんです。

その雲の波が、私のいるすぐそこまで迫ってきた。すぐ下にある木造二階建ての小学校の屋根の瓦が、風に巻き上げられた紙くずみたいに、がーっと舞い上がるのも見ていました。

その雲の波があっという間に村へ入ってきた。私がいた農家はちょっとした丘の上、高いところにあって、真正面から見えた。雲が津波のように押し寄せて、いきなり私の体をものすごい力で吹き上げた。

家のなかを、私はまさしく飛んでいました。飛んでいるあいだは私の覚えでは一秒くらいで、その一秒のあいだに天井がぱかっと口を開けて、大きな農家の屋根が吹きぬかれて、青空が見えた。その瞬間に私は大きな仏壇にぶちあたって、その上に吹き飛んだ屋根が崩れ落ちてきて、子どもと二人、下敷《したじき》きになりました。

私もそのとき初めて知ったんですが、民家の藁葺屋根《わらぶきやね》って、あれは泥なんです。泥に藁が差してある。その泥がもろに落ちてきた。私も子どもも頭から泥をかぶりました。体をあちこちにぶつけていましたが、泥の中を無我夢中でもがきながら、まず逃げなくちゃいけないと考えました。

崩れた家の下敷きになっていましたが薄明かりが見える。隙間《すきま》から光が差し込んでくる。それを見ながら、逃げようと動き出して、あっ、子どもがいたと思い出して、戻った。泥の山の下のどこかに子どもがいるはずだ。

すると子どもの手が泥の山から見えた。花模様の布団の端といっしょに。私は布団の端ごと子どもを掴《つか》んで、えいっと引っ張った。生きているのか死んでいるのか、子どもを抱えて、転がるようにおもてに出てきた。

子どもを庭先に寝かせて、泥をはらってね、聴診器を出してまず心臓の音を聞こうと思った。ところが、どこを探しても聴診器がないんです。なくしちゃったんです。それで、しょうがないから子どもの胸に耳をつけた。

聞こえないんですよ、なんにも。耳の中に泥がいっぱいつまっていたんですね。それで、

キノコ雲の下に見えるのは広島市街
（撮影者：米軍　提供：広島平和記念資料館）

ちゃんと泥を取って、もう一回聞いたら、病気の心臓の音ですけれど、はっきり聞こえた。

「ああ、生きている、生きてる！」本当にほっとした。

子どもが目を覚まして、あたりを不安そうに見回し、急いで私の腕にしがみついてきた。私もその手を握り返す。

子どもは無事だ、よかったと思い、広島の街の方をみた。火柱です。広島の街から巨大な火柱が雲になり空に向かって湧き昇っていく。そして傘のように開《ひら》いていく。その広島の街全体ともいえる巨大な火柱の下には人間がいるのだ。私は総毛立ち震えました。

病院に帰らなければなりません。

畑からおじいさんが戻ってきたが、巨大な火柱を見てその場に座り込んでしまった。

「孫は大丈夫だからね。私はすぐ病院へ行くから自転車借りるよ！」

おろおろしているおじいさんの腕に子どもを抱き取らせて、すぐそのまま病院に向かうことにしました。

病院はあの火柱の下ですから、怖いという気持ちもあったのは事実です。しかし、だからこそ、病院に一刻も早く復帰しなければいけないと思いました。

私は、おじいさんの自転車にまたがって、丘を下りて病院を目指しました。

村の中を通ったんですが、村の家は傾いたり、壁が崩れたり、障子が飛んだり、被害のない家は一軒もなかった。爆心地から山を隔てて六キロという場所でも、そういうありさまでした。

村人はみんな、何が起きたのか分からないものだから表に出てきてわーわー騒いでいるんです。人口千四百人くらいの小さな村です。だけど声をかけている余裕がないから、走り抜けて街道に出た。後で聞いたら、五、六軒の家がつぶれてしまい、家の下敷きになって死んだ人もいたらしいです。川の堤防の上を広島へ行く国道が通っている。その太田川沿いの道を自転車で走り下った。

いまでこそ自動車が通る大きな国道ですが、当時は荷車が二台、すれ違うだけの幅の砂《じゃ》利《り》道《みち》でした。広島に向かって下り道の砂利道を自転車で駆け降りる。スピードが出る。ひたすら病院に向かって自転車で走っていきました。そこまで道では誰にも会わずに、ちょうど道半《みちなか》ばというあたりまで来たとき、被爆者に出会ったのです。私が出会った最初の被爆者でした。

病院をめざし広島市内に入る

砂利道の国道をまっすぐに下って、川に沿って突き当たりのところからカーブしている道でした。少しブレーキをかけて通ろうとしました。出合い頭に荷車に会うと相手は牛や馬なので危ないですから。そう思ってブレーキをかけた。荷車が出ないでくれと思っていました。そうしたら、ひょいっと何か出てきた。何か分かりません。

一〇〇メートルくらい先です。一体なにが出たかと見つめました、牛や馬より小さいんです。縦に長くて。そうです、人間くらいの大きさの、縦に棒のようなものが、ふらふらしている。だけどまったく人間には見えなかった。

黒いんです。上から下までが。ちょうど季節は夏ですから、外出する時はみんな白い衣服を着ているはずです。それが上から下まで真っ黒。目を凝らして近づくと、体からボロ切れのようなものをいくつもぶらさげている。手はだらりと力なく前につき出して、その手の先からもボロ切れのようなものをぶら下げている。ぼろを着ているのかと思った。

縦に長い棒には頭がついていて、だけど、顔らしきものが見当らないのです。とにかく真っ黒。異様に大きな頭。人間なら目のあるあたりの場所がふたつ、まるで饅頭《まんじゅう》みたいに腫れ上がっている。

鼻がない。顔の半分くらいが口。上下の唇がグロテスクに膨《ふく》れ上がって、それで、耳のあたりまで口があるように見えたのです。焼け爛《ただ》れた頭には、まったく毛がない。

なにがなんだかわからず、恐いと思った。自転車を止めて、呆然と見ていた。すると、その黒い〝人間に似た何か〟は、だんだん近づいてくる。

「ううっ、ううっ」

って弱々しく唸《うな》るんです。そして、こっちに向かって歩いてきた。

向こうはこちらが見えたらしくて、足が少し速くなって、私によろよろと抱きつこうとしてきた。助けてもらおうと思ったんでしょう。

だけど、恐くてね。意気地《いくじ》がないし、本当に悪いことをしたと思うんですが、自転車を置いて、あとずさりしながら見ていた。するとその黒い何かは、私が置いた自転車につまずいて、目の前にばたっと倒れた。そのときはじめて、私にもそれが人間だということが分かった。

「ごめんなさい！」

とバッと駆け寄って、医者ですからまず脈をとろうとその人の手を取った。そうしたら、その手がずるずるの赤剥《あかむ》けなんです、肉なのです。背中を見たら、一面焼けていて、ガラス片がいくつも突き刺さっている。はじめボロを着ていると思っていたけれど、上半身裸だった。ぼろだと思ったのは、その人の生皮が剥《は》がれて、ぶらさがっていたものだった。

脱ごうたって、脱げるもんじゃなかった。

人間の体の表皮が焼かれて、爆風で剥がされたものだったんです。

こんなの、見たことがありません。

なんだか分からない。

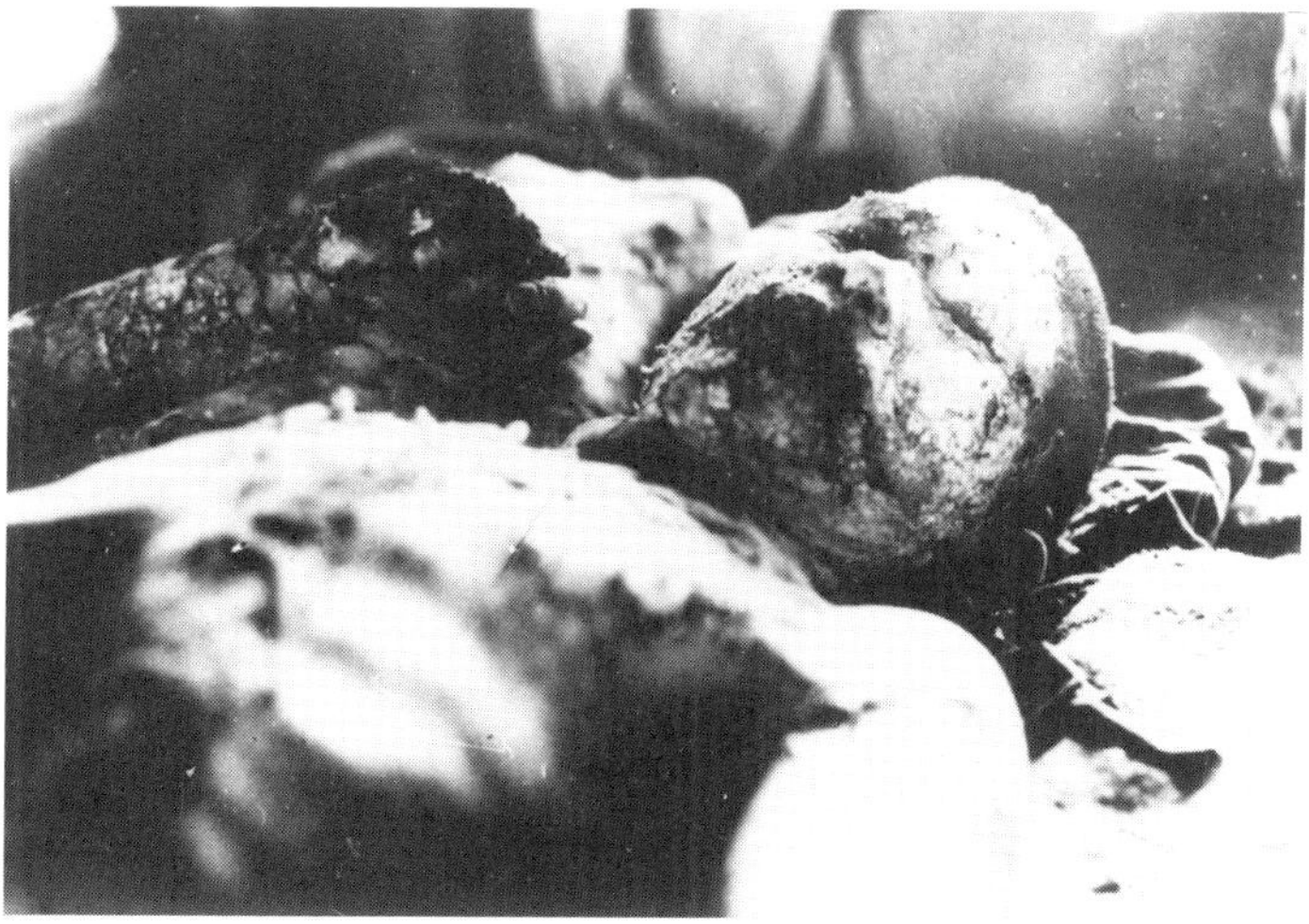

似島検疫所に運ばれた、熱傷の被爆者
（撮影者：尾糠政美　提供：広島平和記念資料館）

でも、形は人間だし、人間には違いない。

ずいぶん後になってから分かったことですが、原爆の爆発の直下にいた人たちは焼き殺されました。その熱線は、地上では六千度に達したとも言われています。ただ、その熱線は、非常に短い時間に瞬間的に出たものでした。だから、直下にいた人々は一瞬にして焼け死んだんだけど、離れた場所で熱線を瞬間的に浴びた人たちは、表皮という部分が焼かれて、ペロッと剥《む》けてしまった。

瞬間的だから火傷《やけど》しても表皮の下の組織は焼けていないのです。それがあのときの火傷の特徴でした。一秒の何分の一という一瞬に、途方《とほう》もない熱線を浴びたのです。白い服を着ていた人は、衣服に蔽《おお》われた部分は火傷が少ない、もしくは火傷していないという人々も多くいました。服に蔽われていないところ、半そでから出ている二の腕や首から上、というところだけが、生皮が剥《は》がれてしまった。

黒い服を着ていた人たちは、やっぱり服のなかも火傷していました。

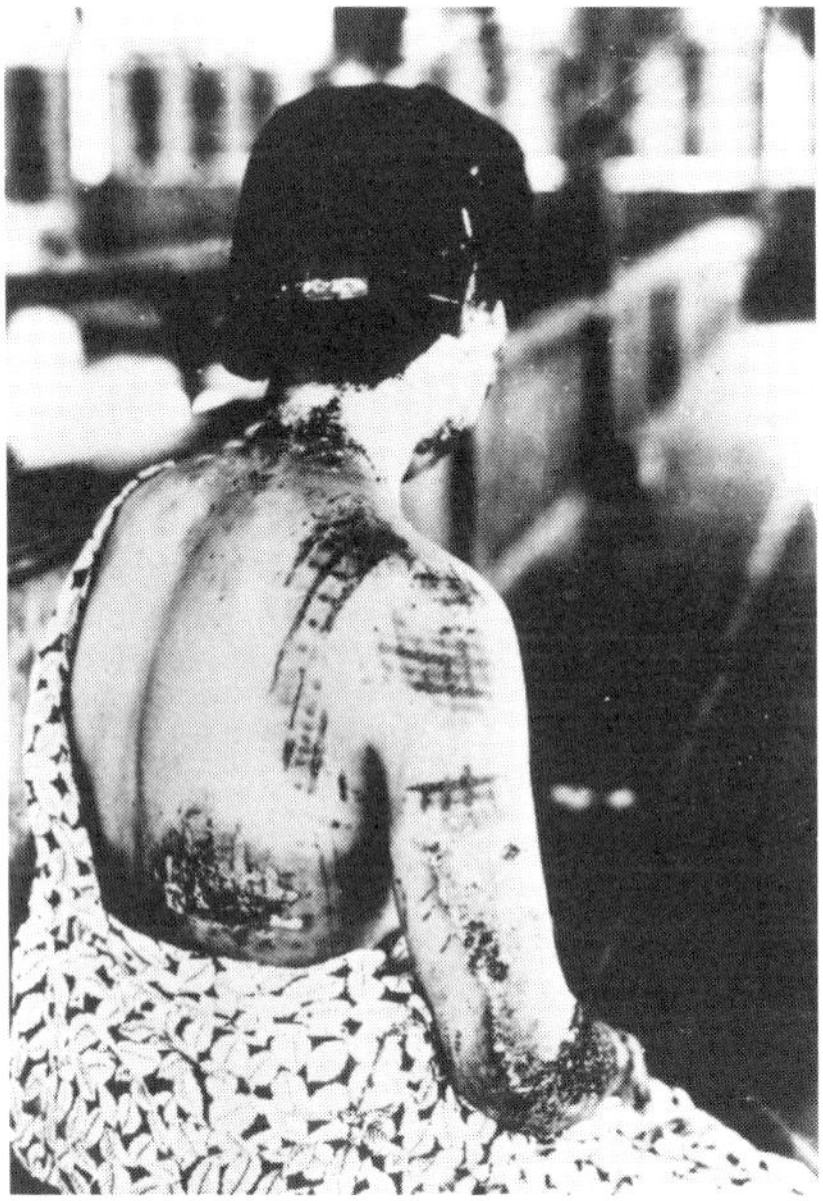

着物の濃い色の模様が肌に焼きつく
（撮影者：木村権一　提供：広島平和記念資料館）

しかしそのときは、そんなことは何も知りません。皮膚が剥がれて脈もとれないという状態の人に対して、医者として何もできないままに、その人は痙攣《けいれん》を起こして動かなくなってしまいました。

それが、私の会った最初の被爆者であり、死者でした。

医者の私ですら見たことも

ないような、こういう酷い怪我をした人が出てくるようじゃ、あの火柱の下は、想像を絶することになっているだろうと私は思った。

広島市に戻っても、そこに病院が残っているのだかないんだか、分からないとも思った。それでも行かなければならない。

ほとんど義務感といってもいいものでした。

本当は恐いから、反対のほうに逃げたいわけだけど、でも、どうしても行かなければならない。だから、亡くなった方を拝んで、その体の下から自転車を引っ張り出して、自分を叱咤《しった》して病院に向かおうと自転車にまたがった。

ふと前を見たら、道の向こうから同じように生皮のぼろをぶら下げた人がいっぱい来るんです。

よろよろと歩いている者もいる。歩くこともできずに、ほとんど這っている者もいる。互いにもたれ支えあって立っている者もいる。皮膚が赤剥《あかむ》けになって、ずるずるになって垂れている。赤剥けの体に埃《ほこり》やら泥をかぶって、真っ黒になっている。

そういう人たちが、道いっぱいに広がって、こちらに向かってくる。爆心地から逃れてくるわけだから、どんどんやってくる。

そこを私が、

「ちょっとごめんなさい」

なんて言いながら、彼らを押しのけて、通れるわけがない。

それで自転車を捨てました。道ではなく、川のなかを行くことにしたのです。
七、八メートルの崖の下に、太田川が流れている。ちょうど腰くらいの深さの川で、私は目をつぶって飛び込んだ。
川を歩いていけば、かならず広島に入る。陸軍病院の手前まで川のなかを歩いて、そこから土手を登っていけばいいと考えた。

広島でたった一つ吊り橋がある、それが目印です。そこまで行けば病院がすぐあるっていうのは分かっています。

私は、川の流れのなかを一生懸命歩いた。しかし、病院に向かっているあいだにも、七、八メートル上から、人間が落ちてくる。どしゃっという音とともに。這ったり歩いてきた人間が、川の水を飲もうとして、そのまま、まっすぐ落ちてくるんです。

川にばしゃんと落ちる。あとは川底を転がって、すうっと流れて行く。

少しは水のなかでもがく人もいるけれど、大体はそのまま流れて行く。

どうにもしてあげられないんだ、私は。なんにもないんだ、薬も、診療器具も。さわることもできないような火傷でした。悔しいが、とにかく病院を目指すしかないと思った。

もうちょっとで広島というところまで行ったら、ちょうど広島は燃えている最中でした。ごうごうと猛烈な風が吹いていた。火事が起こした風です。火事の現場では、家が一軒燃えていても、ものすごい風が吹くんです。それがもう、街中が燃えているんですから。熱風がごうーっと吹いてくる。そうすると真っ黒い煙があたりを蔽って、何も見えなくなる。流れている川が熱風ですくわれる。頭からざぶーんと波をかぶる。

それでもとにかく頑張って、目印の吊り橋の下までやってきた。向こう岸は石垣になっている。そこを登って上がればいい。

しかし、登ろうとする石垣の上が、燃えているんです。川っぷちまで家があるんですが、それがいま燃えている。

燃えている家の火のなかから、火に焼かれた人々が次々と川に飛び降りていました。みな、上半身は裸です。いま焼けたばっかりですから、全身が真っ赤です。

目の前の石垣から、体を火に焼かれた人が、こぼれ落ちるように川に飛び込むんです。もうすでに何人かが落ちていて、死んでいる。そこへ人がさらに落ちてきますから、死体の上で体がはねる。

死体にはねた人間が、ばしゃんと水に落ちる。私の周りで、そういうことが起きている。

それでもまだ生きて頑張れる人は、起き上がって、必死に向こう岸へ歩いて逃げようとする。

そのまま流れていっちゃう人もいる。

私はなんにもできなくて、水に浸《つ》かったまんまです、立っているしかない。人間が次から次へと飛び込んでくる。人が落ちてくる。

死体、そして生きている人。

流れていくのと、歩いていくのと。

歩いている人もいっぱいそばを通る。みんな腰から上が焼けている。どの顔もこの顔も、猛烈に焼かれている。すごい顔ですよ。それでも生きて歩いている。この地獄から逃げ出そうとしている。

だから私は、なんとかしようと思って、

「大丈夫ですか?」

とかなんか、言葉をかけるんです。

しかし、だれも私を振り向かない。まっすぐ向こうをむいて、また歩いていく。向こう岸は、ちょっとした砂浜なんです。そこへ倒れ込んで。そこからまた起き上がって歩いていく者もいれば、寝転がってそのまんまの人もいる。

なすすべもなく

川のなかは、すでに死体がいっぱいになっていた。

私は病院に行こう、行かなければと思うけれども、石垣の上から人が落ちてくる。ひょっと見ると、女の人が髪をたらして、仰向けの姿で流れてきた。下は衣類の切れ端がついているけど、上半身は裸です。おっぱいがあるから、かろうじて女の人だということは分かる。

焼けて、恐ろしい顔をしているんです。忘れられない。その死体が上を向いたまま私にぶつかって、また流れていく。川の水は、自分の足が見えるような、透明なきれいな川です。川底の砂の上を流れて行く死体もある。見るとそれは、小さな赤ん坊の死体だった。

自分はどうしたらいいのか。

この人たちをどうしたらいいのか。

空を見上げると、この地獄の上の空は明るかった。夏の青空に傘を開《ひら》けるだけ開《ひら》いたきのこ雲が五彩《ごさい》に輝き、上からせせら笑っているようにこの地獄図を、そして私を見下ろしている。

医療器具もなくただ立ち尽くしているだけではなんにもならない。ここは村に戻ってそこで村人といっしょに医療体制を整えるべきだとも考えましたが、この人たちを捨てて逃げるようなことになるのではという気がしてきます。

そうしていると、上流から兵隊を乗せた和船がやってきました。私の近くまでくると、将校がじゃぶんと水の中に飛びおりて、兵隊にも川に飛び込ませて船を押さえさせた。そしてその将校が私のそばまで歩いてきて

「おまえ、医者のくせに、こんなところで何をしている！」

って言う。

顔見知りの将校でした。私は、

「何してるって、いまから病院に行こうとしている」と答えた。

するど顔見知りの将校は、

「馬鹿言えっ！　この火のなかに入って何ができる。病院があるかどうかも分からん。もし病院が残っていたら、おまえが村で医療活動をしていると病院長に俺が報告してやるから、すぐここから引き返せ。村へ行って医者の仕事をしろっ！」と言うんです。

言われてみればそのとおりだ。それでやっと決心して、「じゃあ、あとは頼む」と川をのぼって、三時間くらいかけて村へ戻りました。戸坂村《へさかむら》へ川の水をかき分けての戻りは、とてつもなく長く感じました。

息を切らせながら、戸坂村の近くの堤防を上がった私は、呆然としました。逃げてきた人が、道路といわず空き地といわず、校舎の残骸《ざんがい》が散乱する小学校の校庭といわず、見渡す限りいっぱい倒れている。村は負傷者で足の踏場もない。村の入口辺《あた》りでは、肉塊《にくかい》が山のように重なりあっている。下になった人は死んでいるのか、死臭と血の臭い、焼けただれた肉の臭いが混じりあった異様な臭いが辺り一面に漂《ただよ》っている。目玉が飛び出し胸の上に垂れ下がっている者、肛門《こうもん》からはらわたがはみ出している者もいます。そこへ引きも切らず後から後から、血みどろの人が、大火傷を負った人が次から次へと死体を乗り越えてやってくる。村の奥へ、奥へと。

校庭の隅に作られた治療所。

最初の晩にきたのが六〇〇〇人です。

人口わずか一千四百人の小さな村に六〇〇〇人ですから。六〇〇〇人がきたら、もういるところがないんですよ。

あらゆる地べたに、空き地に、寝ている。

村長が、「なんとかしてつかあさい。どもなりまへんで」と指さすんです。

見ると田んぼのあぜ道に村の人たちが、あちらにひと並び、こちらに一列と、まるで電線にとまる雀のように立ちつくしているんです。村中の家という家に血だらけの負傷者がぞろぞろ上がりこんで、座敷に倒れてしまい、恐ろしさに逃げだした家の人が途方に暮れていたのです。

四日目の八月九日の朝には二万八〇〇〇人になった。

それが、村の記録の最高です。

そして、死んだり、ほうぼうへ行ったりして。だけど次から次へとやって来ましたから。

常時、三万人近くいた。

病院疎開《そかい》がすすまなかった理由

対する私は、何の医療器具も持ち合わせていない状態でしたが、しかし、たまたまこの村が、広島陸軍病院の分院を開く予定の場所だった。

広島の街だけはどういうわけか空襲らしい空襲を受けてきませんでした。しかし、それでも、いつくるか分からない空襲を想定して、陸軍病院を疎開させるという話はずっと以前からあったのです。いつ広島にも絨毯爆撃《じゅうたんばくげき》があるかわからないから、市内に患者を抱えているこの状態を一刻も早く解消しなければいけないのは自明《じめい》の理《り》でした。

つまり、疎開もしなくてはいけない。実際、糧秣《りょうまつ》や被服といった戦闘部隊ではない部隊は、疎開を済ませていた。広島陸軍病院だけ、市内でぐずぐずしていて、残っちゃってたのです。

……余談になりますが、私はひとりの軍医として病院に強く疎開をすすめていました。しかし、陸軍病院全体が腐敗してしまっていたのです。疎開が進まない理由には、陸軍病院の腐敗があった。病院と周りの出入り商人と結びついていて――米屋とか、魚屋とか――、そういう連中は、病院が広島市内から引っ越したら困るんです。だから、賄賂《わいろ》を使ってね。陸軍病院には職員だけで五〇〇人くらいいました。その病院の古株将校と商人が癒着《ゆちゃく》していた。私は、そういう人たちと喧嘩したんです。もし空襲を受けて、病院に爆弾が直撃したらどうなるのかと。最終的には、私の意見どうのこうのよりも戦局の悪化のために、軍の上部機関からの命令で、結局、疎開をしなくてはいけないとなった。

上官から、

「疎開地の候補を探してこい」と言われた。しかし、探しても、今となっては病院の疎開先なんてもうどこにもない。それで戸坂村《へさかむら》の小学校の半分を借りて、病室にすることにしたんです。そのすぐ隣に小山がある。その小山の下をくりぬいて、地下に手術室と重症患者室を作ることにもなった。

「その作業の隊長はおまえがやれ」と命令を受けて、医者のくせに百人くらいの兵隊を連れて、原爆投下の前日まで穴を掘ってた。立派な地下室をこしらえて、八月五日、原爆投下の前の晩に、まあまあできあがったところで、電話がかかってきた。

「今晩、すぐ、全員で引き上げろ」という命令です。

「新しい任務がある」と言われた。

「あと残りはどうするんですか」と訊ねたら、

「どれくらいできとるか」と聞き返された。だから、

「八割程度、できております」と答えた。

「じゃあ、患者を手術できるか」

「できます」

「じゃあ、すぐ帰れ」

そういうわけで、私たちは八月五日の夜に帰っていたんです。それで病院で寝ていて、私だけが夜中に往診に呼ばれて戸坂村《へさかむら》に戻って……という話なのです。私が生き残ったのは偶然です。

私がいちばん後悔しているのは、命令に逆《さか》らって翌日の朝までそこで寝ていて、それから帰っていたら一〇〇人の兵隊は助かったんです。

それを、前の夜に連れて帰ったから、全員、被爆で即死亡です。

地獄の日々

結局はだから、原爆の投下のその夜に戸坂村に軍医が四人集まって治療を開始したわけです。

原爆の落ちたその日の夕陽が沈んでも、不気味なきのこ雲は大きく私たちの頭の上を覆っていました。その下で、ようやく逃れてきた人たちが、血まみれの姿でうめき、泣き、叫び、もがき苦しんでいた。私たちは蝋燭《ろうそく》の灯をたよりに夜を徹して必死に応急処置を続けました。

最初は四人の医者でしたが、翌日の朝には一五人くらいに増員された。広島陸軍病院には、ほうぼうに分院がありますから、そこの軍医が集まってきたのです。

だけどもう、その時点では戸坂村だけで一万人近い患者が避難してきていました。

それも軽傷者はいないんです。酷い火傷をしている人ばかり。

四人の医者が一五人に増えたところで、焼け石に水、どうにも手が足りない。それでも原爆投下翌日のお昼ごろには、山のなかなどに疎開させてあった薬や医療器具を集めてきて、少しずつ治療ができるようになっていった。治療といっても、火傷の治療と、身体に突き刺さったガラスの破片を取り除く作業がほとんどでした。

私も初めて見たんですけど、体のなかにまっすぐ突き立ったように刺さっているガラスはほとんどありませんでした。ガラス片が体に刺さった瞬間、刺激で筋肉が緊張するんです。すると、皮膚とその下にある皮下脂肪の下側を、つまり筋肉の上をガラス片がすべって横に流れるんです。頭に刺さったガラスもそういうふうになっている、頭の後ろに、三角のガラス片が体内で曲がって入っているんです。

突き刺さったガラスの入り口は小さな穴です。取りようがなくて困りました。さわっているとバリンと割れちゃうのです。

仕方がないから、傷口を切って、大きく穴を開けて、なかにコッヘル鉗子《かんし》（外科手術で物を挟むときに使う鋏型の金属器具）を入れて引っ張るしかない。しかし、麻酔もありません。患者がじっとしていてくれたらいいけど、当然苦しがってもだえます。すると、コッヘル鉗子で引っ張る瞬間にパリンとガラス片が体のなかで割れてしまう。

いろんな体験をしました。

顔から胸にかけてひどく焼かれた若い女性の、胸に深く入った大きなガラス片を抜こうとしていたときのこと、三角形のガラス片をコッヘル鉗子でつまんで、そおっと引っ張っているときです。

すぐそばで、赤ん坊をおぶった若い母親が、治療している私に泣いて訴えてくるんです。母親の言うには、子どもが四人いたが、あっというまに家は火の海になり、三人の子どもは助けようもなく、火のなかで死ぬのを見た。

「一人だけ、この赤ん坊だけ自分は背負ってきた。だからこの子は私の子の代表、四人ぶんだ。この子を助けてください」

そう言って、わあわあ騒ぐんです。彼女自身、顔も頭も胸も火傷をして凄惨《せいさん》な姿なのですが、そんなことはかまっていない、とにかく、一人残った子どもを助けてくれと叫ぶ。背負われた子どもは、母親の背中の上で、がっくりと頭を垂れちゃっていた。子どもの太ももの裏側の部分が大きく引き裂かれていました。動脈が切れて出血して赤ん坊はすでに死んでいるのは明らかでした。でもそのお母さんには、そのことが分からないんです。

他の人が順番を待っているんだけど、子どもをどうか助けてくれと騒ぐんです。赤ん坊はもう死んでいるからと言い聞かせられる状態じゃない。

母親は押さえられていたのですが、その腕を振り払って、若い女の胸に刺さったガラス片を抜こうとしている私の腕にすがりついてきたものだから、ガラスが砕けて胸深くに入り込んでしまった。

このままでは治療も出来ないと思い、

「助けてあげる、おぶっている子どもを下ろしなさい」

と私は言った。子どもをおぶっている縄を切って、赤ん坊を下ろさせて、傷口にヨードチンキを塗って、ぼろ切れで巻きました。

「とりあえず今晩、これだけしておく。明日の朝になったら元気が出るから、おっぱいだけはちゃんと飲ませろ。今晩はしっかり寝かせろ」と言った。

すると母親はやっと落ち着いて……一部始終を見ていた周りの人はみんな泣くんです。

赤ん坊がすでに死んでしまっていることを母親だけが知らないのですから。この母親はどうなったかというと、被爆後五日目くらいに放射能の急性症状で血を吐いて、髪の毛が抜けて、最後には死にました。

私たちはみな、人間ならとても耐えられないような、悲惨な、残酷な、そんな日々を何ヶ月も過ごしたのです。

核兵器廃絶のいろんな運動があるけれども、私はね、街がひとつ破壊されたとか、そういう被害の規模の大きさに心を奪われてばかりでは駄目だと思っているんです。原爆が爆発して、多くの人間がそのとき即死しただけじゃなくて、極端に言えば、原爆投下から今の今、今話しているこの時間にも、ずっと殺され続けているのです。このことが原爆というものの真実の姿なのだと、どれだけの人が知っているか。あのなかの、不本意《ふほんい》に殺されて死んでいった人間の気持ちになって、本当に運動している人が何人いるかと。

それを「威力がすごい」、「たくさんの人が死ぬ」とか、頭のなかで数を数えて「何万人死んだ、だから大変」と言う。そこで生きていた人々の、一人ひとりの人生そのもの――かけがえのない物語――がごっそり抜け落ちて、数字や数値の話になってしまっている。そんな捉え方・気構えではこの爆弾を止められるわけがない。厳しいことを言うようですが、それが私の本当の気持ちなのです。

なぜ広島は空襲の対象から外されたか

広島の街は一発の原爆で廃虚となりました。それまでは、広島市は大規模な空襲を受け

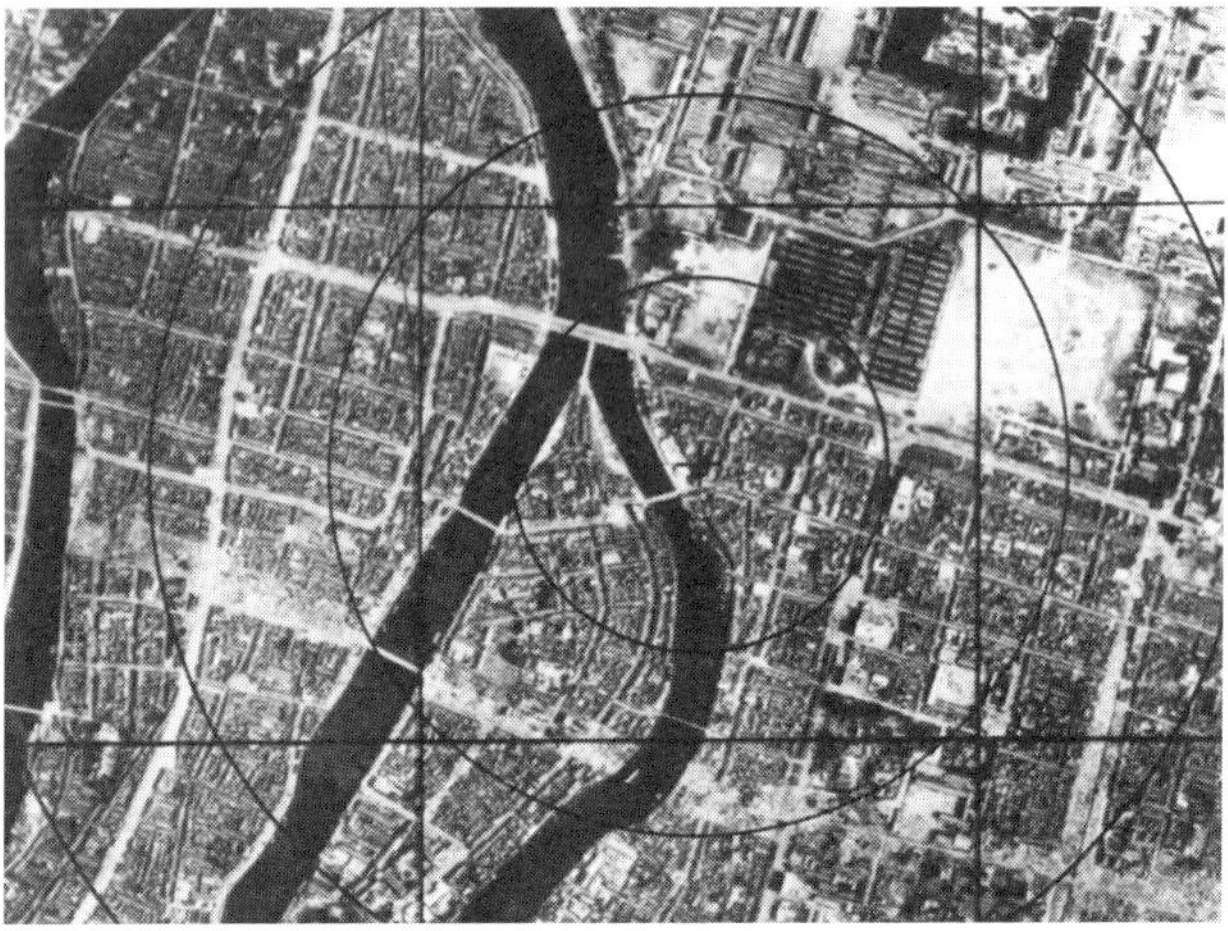

広島原爆投下前

（出典：米国立公文書館）

たことがなかったことは話しました。

「アメリカは何を考えているんだろう？」

日本の都市という都市が空襲される中、どうして広島だけが爆撃を受けないのかと、当時からみな不思議がっていたのですが、実は、後で調べたら、アメリカは広島の街を原爆用にとってあったのです。

表向きはナチスドイツに使用するために造っていたはずなのに、原爆が広島に落とされる二年前にもう、まずは日本相手に原爆を使うことが決まっていたらしいのです。

そして一九四五年の春には広島に原爆を落とすと決めていたので、その原爆の

広島県産業奨励館（原爆ドームの元の姿）の絵葉書
（提供：広島市公文書館）

原爆投下３ヵ月後の原爆ドーム付近
（撮影：米軍　提供：広島平和記念資料館）

威力を終戦後に調査するためにも、広島の街を無傷のままにしておきたかったのです。

人類史上初めて造る原子爆弾の威力、わけても特に放射線の影響を、あとあと調査するために、広島の平たい地形とか、そうしたことも考慮に入れて、いの一番の候補になった。

それが広島に原爆が落ちた理由であり、それまで広島に空襲がなかった理由だというのです。

もうひとつ、広島に原爆が使用された理由は、次の敵性国家であるソビエトに対して、アメリカはこういう途方もない大量殺戮《さつりく》兵器を持っていると実戦で示したかったということです。

アメリカは、大都市を一瞬にして廃虚にしてしまえる爆弾を持っているぞ、という威嚇《いかく》のために、広島、そして長崎に原爆を投下すると決めた。

ルーズベルト大統領が死んで、ひきついだトルーマンは、ドイツ、日本との戦争終了後に敵対することになるソビエトに対して、有利な立場を確保したかった。

トルーマンにとって、その最初の仕事が、ポツダム会議だった。実際にドイツを負かしたのはソビエトですから、スターリンの発言力が欧州では急激に高くなってる。それに対してトルーマンは、なんらかの政治的、軍事的切り札が欲しかったというのはあると思い

原爆投下前の広島市街
（撮影：渡辺襄　提供：広島市公文書館）

原爆投下後の広島市街
（撮影：岸本吉太　提供：広島平和記念資料館）

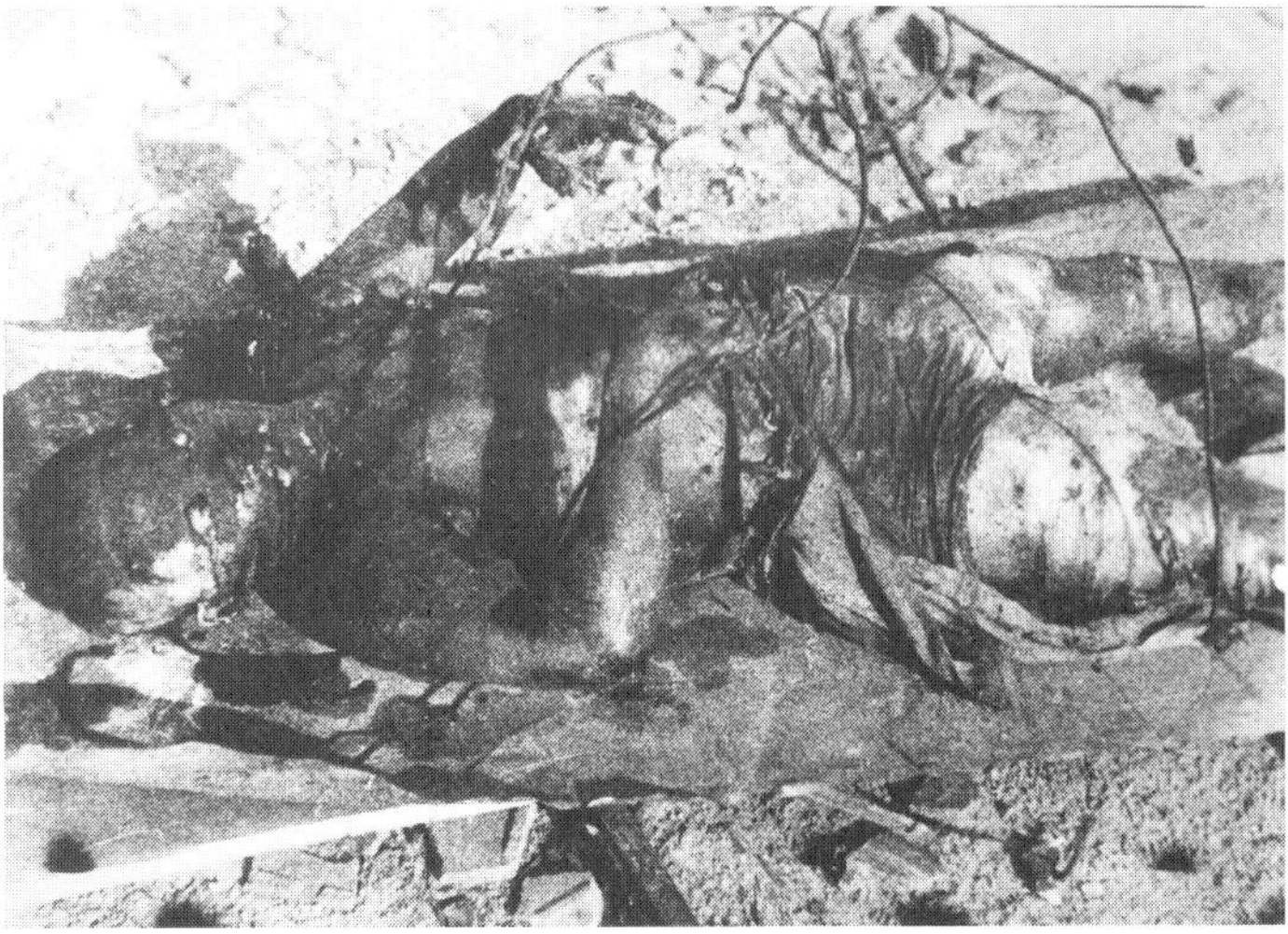

広島城付近の、爆風圧死による被爆死体
（撮影者：中田左都男　提供：広島平和記念資料館）

ます。

原爆実験の成功の報告は、トルーマンは待ち遠しかったんだけど、ポツダム会談に向かう船に乗る時点ではまだ実験は成功していなかった。

実験が行なわれたのは七月一六日で、アラモゴルドでの原爆実験成功の報をトルーマンが聞いたのは、ポツダムの地についてからでした。

これで、何よりも力を持ってトルーマンは交渉に行った。

広島、長崎への原爆投下の理由は、そうした純粋に戦略的な理由からでした。

ソビエトは、ナチスドイツが連合軍

に降伏するずっと前から、アメリカ、イギリスの要請を受ける形で、日本に対して参戦することが決まっていた。

もちろん、当時ソビエトはドイツとの激しい戦争にあけくれていましたから、なかなか日本に参戦するということにはならなかったんです。ソビエトも、戦力を割《さ》けなかった。両面作戦はできなかったんです。ドイツと戦争をしながら、日本にも攻め入るという力はなかった。ナチスドイツが完全に降伏するまでは、手が抜けなかったんですね。

しかしそれでもソビエトのスターリンは、ヒットラーが降伏した三ヶ月後に必ず参戦すると連合国に約束した。

ナチスドイツの降伏は、五月八日でした。ヒットラーは自殺しました。ソビエトの日本参戦は、ドイツ降伏の三カ月後という約束だったわけですから、計算すると八月八日か九日に日本に参戦することがそのとき決定されたことになります。八月八日か九日には、ソ連が日本に参戦するのはわかっている。日本の敗戦は決定的だった。しかし、だからこそアメリカは、ソビエトの参戦の前に原爆を実戦に使用して「日本を降伏させたのはアメリカ合衆国だ」と世界に見せつけておこうとした、と私は思っています。

単独で日本を占領するつもりでいたアメリカにとっては、ソビエトが日本戦に参戦する前に原爆を落とさなければならなかった。急いで造って、急いで実験して、急いで原爆を実戦で使用した。ここまで、いろいろな文献で分かっています。

だから、「一日も早く平和を達成するために原爆を落とした」というのは、こんなものは嘘っぱちなんです。

原爆投下は、冷戦を見越した戦略的な意味合いが強かった。

そしてもうひとつの理由は、放射線の人体実験です。これが目的だというのも、はっきりしている。それを知らないのは日本人だけなのです。

奇妙な症状

原爆が爆発した当日から医療活動に走り回っていた私たち医者は、アメリカやトルーマンの都合など、何も知りませんでした。

それは、被爆者たちも同じでした。

私の目の前で、または私に看取《みと》られて死んでいった人たち。彼らが私に向かって言ったことは、

「私は何に殺されるんですか？」という問いでした。

爆弾が落ちてからのことを誰も知らないんです。ピカッと光って、どしゃんと衝撃を受けた。飛ばされる、叩きつけられ、気絶をする。そして、しばらくして何十メートルか先で目を覚ます。すると、街はない。なんにもないんです。燃え盛る炎と瓦礫《がれき》の山となっている。自分がどうしてこんなになったのか、分からないんです。

起き上がった裸の人間が、焼けただれて逃げて行く。自分も逃げて行く。すると、後ろを歩いている人から、

「あんた、背中が丸焼けだよ」と言われる。しかし、どうして背中が焼けたのか、当人はなにも知らない。

それでも命からがらやっと戸坂村《へさかむら》まで逃げてきて、しかし、三日目くらいから急性放射能症という病気が出てきてみんな死んでいったのです。

急性放射能症の話をしましょう。

ほんとうに不思議な病気でした。それまで私たち医者は、人々は、ひどい火傷で死んでいったと思っていた。懸命に火傷と怪我の治療をしていた。

ところが、三日目くらいから、奇妙な症状の患者たちに気がつきました。最初は四〇度

の高熱です。そして、目と鼻と口からの出血。

鼻と口から血が出るのは見たことがありますが、目からの出血は非常に奇妙に感じました。まぶたのところをあかんべえするみたいに裏返すと、赤いところがある。ここから血が垂れている。まぶたの裏の赤いところから出血しているのです。まぶたの奥からの出血は、これまで診たことも聞いたこともない症状でした。

医者というのは、それまで自分が診たことのない症状に出会うと、いつまでも強く覚えているものです。

初期症状の四〇度の熱も、奇妙だった。幼児は別にして、ちょっと風邪をひいたくらいでは体温が四〇度を超えることはめったにないものです。それを目の前で、四〇度を超える高熱で苦しむ人間がたくさん出はじめている。湯気を立てるほどの熱、これが不可解だった。

熱があるから、常識的に、医者は口のなかを診るのです。風邪をひいて扁桃腺が腫れると、三九度くらいの熱は出ますから。だからそれを確かめようと思って、口のなかを診たのです。

といっても、具合が悪くて、診察のあいだだけでも座っていられる人はいなかった。顔を上げることも困難という人だらけだった。横を向いて寝ているだけです。心臓が苦しいから、横向きになっているんです。真上を向いて寝ていてくれていたら上からのぞいて口の中を診察できるんですが、横を向いて、そのまま動けないんです。だから、診察をする私も地べたにほっぺたをつけて、そうやって患者と向きあうしかないんです。

口のなかを診るために自分も横になって、顔を地面につけて、そばへにじりよって診るよりしょうがない。そうやって、相手の顔のほうへこちらの顔を近づける。

するると思わず、

「うえっ！」

となった。

ものすごく臭《くさ》いんです。

手入れの悪い人の口臭というのではない。腐敗臭なんです。生きている人間の口のなかが腐っているんです。

これと比較できる症状は、糖尿病の重症患者です。足の先が、腐って落ちるんですね。糖尿病の重症患者の足の先が腐って、切り落とすというときに病室に寝かせておくと、他の患者はぜんぶよそへ移さなくちゃいけない。一部屋、その患者だけになる。臭くて同じ部屋に入れない。それくらいの臭いなんです。

それと同じ症状です。口のなかですが。腐敗臭がしている。だからもう診る前に、口のなかが腐っているのが臭いでわかるんですね。

だけどどうして、まだ生きているのに口のなかが腐ってしまうのか？　逆に言えば、この患者たちは、なぜ生きているのか？

医者の私は腐敗臭を我慢して、口のなかにさじを入れて、

「大きく口を開けて！」

と言う。すると、本人は苦しみながらも口を開けてくれるのです。そうして医者の私が口のなかをのぞくと、真っ黒です。

みなさん、鏡でご覧になったら分かりますけど、口の中はふつう、赤みの強い桃色です。熱が出てきたりするともっと赤くなったりもする。そのときは喉が腫れて痛かったりもします。病気になってもせいぜい、赤くなるくらいなものです。それが、歯茎の周りから、喉の奥から、なにからなにまでぜんぶ真っ黒になってしまっていた。まるで、炭を塗ったようです。

こんなの、診察したことがない。誰も。

診察どころか、聞いたこともない。

病気だということは分かるけれど、なぜこのような症状がでるのか、どの病気なのか、医者の私にもさっぱり分からなかった。

放射能のことも知らなかったし、第一、原爆ということを知らないんですから。「ピカ（原爆）にあった人がなる病気なんだよ」ということがまず分かっていなかった。

そういう患者を診ていると、周りに寝ている似たような症状の人たちが私に向かって、

「これを診てくれ」

と手を上げます。すると、腕の内側の火傷のない肌の部分に、紫色の斑点が出てきている。

ちょうど鉛筆のお尻に紫色のインクをつけて、肌に判子を押したような、そんな紫色の斑点です。十、二十、三十、このような小さな斑点が出ている。

言われてよく見ると、ほうぼう――火傷のない部位に――紫色の斑点が出ているんです。

この斑点は、医者の言葉で「紫斑《しはん》」といいます。紫色の斑点。白血病とか、悪性貧血とか、血液の病気で死ぬときにこの紫色の斑点が出る。

なぜ、爆弾で火傷したり爆風で怪我をした人間に、こういう血液の病気の症状が出てくるのか、私を含めた医者たちがさっぱり分からない。それでも治療しなくてはいけない。それでどうしたら良いのか分からないので、医者たちが集まって、しょうがないから「ピカでこんな病気になるのかなあ」なんて漠然とした話しあいをした。そこから先はなにも分からない。

お手上げの症状が次から次へと出てくるのです。患者が最後に息を引き取る直前になると……、なぜああいうことをしたのか、みんな死んじゃうから後で聞けないんですけど、みんな頭に手をやるんです。一回か、二回、必ず。どの人も。

「もうこの人は危ないな」という時期になると、頭に手をやるのです。そうすると、手で触ったところの髪の毛が、全部すっと取れるんです。

頭髪が取れる。

抜け毛とか、いわゆる脱毛というようなものではないのです。髪に櫛《くし》を入れるとはらはらと髪の毛が落ちるとか、櫛の歯にたくさん毛がついてきたとか、そういうのは抜け毛です。患者たちに起きたことは、抜け毛や脱毛じゃないんです。

あのときは、頭に手を触れると、毛髪がどばっと取れるんです。

男の人の場合は、散髪屋の床のように、短い髪がべったり手についてくる。しかし男の人は髪の毛が抜けても、死にかかっているわけですからそんなことにはかまっていない。自分の髪がばさっと取れても、特別、反応はないんです。ところが、女の人の反応はまったく違いました。

女の人が頭にさわると、長い髪がどさっと取れてしまう。さわっただけで、ばさっと取れる。手に女性の長い髪がたっぷりとついてくる。本人は、もう、ほとんどものも言えないくらい弱っているんです。もう息も絶え絶えです。なのに、自分の髪の毛が取れたのを見て、泣き叫ぶんです。

髪を掴んだ手を差し出すようにして、

「私の毛がー！」って。

どうしてあんな声が出るかと思うほど泣き叫ぶ。医者の私は臨終だと思って見ているのですが、どこにそんな力が残っているんだろうとびっくりしました。

私は当時二八歳の男性ですから、女の人が、髪が抜けて泣き出すのなんて見たことがなかった。女の人にとって髪の毛を失うことがどれだけつらいことか、痛感しました。

「なんでだろう？」と思っているまに、その女性たちはすぐ死んでいってしまう。

そういう人たちがいっぱいいるわけです。女の人が次から次へと泣くんです。毛が抜けて。抜けるというよりも取れる。そして死ぬ。

下血《げけつ》、それに目と鼻、口からも血を吹きだし、物凄い血溜まりの中で毛がどばっと取れて死ぬ。今まで見たこともない凄惨きわまりない死です。

その理屈を私が知ったのは何年も経ってからです。アメリカが作った原爆病院、ＡＢＣＣというのができて、そのＡＢＣＣがたくさんの患者を診たのです。そうしたデータを集めた向こうの医者から、なぜ毛がそういうふうに抜けるか、少しずつ漏れ出てくる形でこちらにも聞えてきた。それによると、

「原爆が爆発したとき――強烈な放射線が出たそのとき、放射線源にもっとも近い頭部がいちばん被爆する。帽子をかぶっていなければ。もうひとつ、毛というのは、頭の骨の上の組織に生えている。痛いのを我慢して、毛を一本、ひっぱってぷつんと抜いてみると、根元に白い肉がついてます。毛根細胞といいます。毛根細胞は、命が一番活発な細胞で分裂が早い。その細胞が死んでしまっている。だから、毛がどんどん抜け落ちる」のだと……。

つまり、原爆が爆発してピカッと光った瞬間に、放射線がきて、毛根細胞が瞬間に死ん

じゃうんです。すると、毛は毛穴にただ突っ立っているだけという状態になってしまうんです。そうして患者がたまたま頭をさわったら、毛髪は毛穴に立っているだけですから、ばさっと取れてしまう。

赤ん坊が放射線に弱いというのはご存知だと思いますが、それと同じ理屈なんです。細胞の分裂速度が早い。どんどん成長する。だから、同じ放射線を浴びていても、被害が大きいのです。

一つひとつの症状の意味するところが私にも分かってきたのが、原爆投下から六年目、七年目くらいになってからでした。

「そういうことだったのか」と、やっと分かった。それまでは、なんであいうことが起きるのか、その理屈が分からないのです。

「広島の被爆者のなかには、放射線を浴びて脱毛した人たちがいる」というようなことを書いている本はたくさんありますが、あれは脱毛ではなかった。だけど、そのときその場に居合わせた人間以外には、ばさっと落ちてしまう毛なんて、見たことないでしょう。だから、脱毛、脱毛と書いてあるんです。

毛穴にただ刺さっているだけの毛髪。そういうことを話せる医者も、もういないんです。

亡くなる直前の大量出血

患者たちは死ぬ瞬間に、口と鼻から大量の血を噴き出しました。出血なんてものではなく、ぶぶーっと噴き出す。肺のなかで出血するのです。患者は息が苦しいから血を吐きます。相当の勢いで血を鼻と口から噴き出す。

下からも大量に出血しました。肛門とそれから、女性なら女性の陰部から、下血しました。血が、どーっと出るのです。

あたり一面が血の海となりました。

患者たちは、集めるだけ集めてきたむしろの上に寝ています。何千人、何万人と寝ているわけだから、敷けるだけ敷いて人々を寝かしているのです。ベッドも布団もありません。患者が寝ているのは、むしろなんです。私たち医者はそこに膝をついて、診察したり治療したりしていました。治療が終わり膝を立てると、膝が血でべったりとなりました。膝だけではありません。手も足も血だらけになりました。しかし、忙しいし、きりがないから血も泥も洗ってる暇なんてありません。そんな血だらけの手でおむすびは受け取れませんから、看護婦に口元にもってきてもらって食べる。そんな状態が何日も続きました。

もちろん蛆《うじ》が大量に湧きました。猛暑の八月、倒れている患者の傷口に蠅が群がり蛆が湧き、もくもくと蠢《うごめ》いている。しかし、劣悪な環境下で消毒もままならないところで処置をしたにも関わらず、化膿性の炎症が意外にもほとんど起こらなかったのは蛆のおかげだった。蛆がきれいに膿を食べてくれているので、気味が悪くても蛆は取らないようにという指示が出された。

とにかく、高熱。口の中が腐る。粘膜《ねんまく》からの出血。紫斑。ばさりと取れる毛。吐血と下血。この六つ。

そういった症状で死んでいく人々が大量に出始めた。医者たちはそういう患者を何人も見ますから、頭にしみついてしまう。

後から、「放射能の急性症状」と知ることになるこの六つの症状。この六つが揃《そろ》うとみんな死ぬということも、いつのまにか覚えてしまう。

私たち医者は不審に思いつつも、あの強力な爆弾の光を浴びた人間は、こういう病気になることがある、という認識にたどり着いたのでした。しかし、そうではなかったのです。

もっと奇怪で、もっと恐ろしいことが患者たちのなかで起きはじめたのです。

ある患者が、むしろに横たわったまま、

「軍医どの、わしゃあ、ピカにあっとりまへんで」

と言ったのです。

私にとっては、それがさらなる奇怪なことのはじまりでした。

その患者は、自分は原爆にあっていないと言うんです。

本人の話を聞くと、福山にある陸軍部隊に彼は所属していたらしいのです。今では、新幹線の下り、こだまやひかりが、広島県に入ってはじめに止まるところです。

で、そこにいた千人くらいの兵隊が、八月六日当日の昼、部隊長に集合をかけられ、

「広島は空襲により、相当の被害を受けた。我々はこれから広島に救援に入る」

と命令を受けた。しかしまだ、広島に原爆が落ちたとは誰も知らないのでした。

ともかく、お昼に命令が出て、彼が所属していた部隊は救援に入ることになった。

兵隊はみんなトラックに乗せられて、広島の手前に到着した。そこから先は瓦礫や炎で車が入れないので、燃え上がった炎が真っ盛りのなかへ駆け足で入って、救援をやったというのです。

本人が言うのには、お昼の一時くらいだったはずだと。そして夜明けまで救援活動を行

なった。次の日にまた一日、救援活動を行なった。そうして、三日目の朝、本人は脱水症状で意識不明になって倒れてしまった。そこでこの戸坂村《へさかむら》にやってきた。その脱水症状の患者が、紫斑が出てむしろに寝ているのです。

「軍医どの。わしゃあ、ピカにあっておりまへんで」と言う。

彼は、なぜ紫の斑点が出たのですかと言いたかったんだと思う。周囲には、これと同じ症状を出している者がたくさんいるわけですが、これは原爆の光を浴びた者だけの病気のはずなのに、どうしてこの症状が自分に出てくるのですか、と彼は医者である私に問うたのだと思います。

医者の私は、答えるどころか、逆に問い返したいくらいでした。実際、

「わしゃあ、ピカにあっておりまへんで」と彼が言ったとき、

「なんでそんな者がここにいるのだ！」と私は言いました。

なぜ、原爆の光線を浴びていない人間が、この症状で寝ているのか。患者も医者たちも答えが知りたくて互いに問いあっていた。だけど、分かりっこありません。

彼のように、原爆が落ちた後から広島に入った他の人たちにも、同じ症状が出始めました。

「ピカにあっていない」という衝撃的な話を私たちにしたこの兵隊は、それから三、四日目位に死にました。

「ここに寝ていた兵隊はどうした？」って聞いたら、

「死にました」という返事が返ってきた。

「どんなふうに死んだの？」と訊いたら、

「毛が抜けて、血が出て、口が臭くて、おんなじ症状ですよ」

ピカの光を浴びていないのだから、こんな風に死ぬはずがない。私たち医者は途方に暮れるばかりでした。

街に何かが残っていて、それに触れたから病気になったんだと、常識でそう推測しました。そうするとこの病気は、うつるんだと。伝染病だと。そういうふうに私たち医者は思った。

もしこれが伝染病だったら、これから広島の街に来る人、街にいた人、誰も彼もみんな死ぬことになりはしないか。だとしたら、大変なことだ、となりました。

院長も大阪から帰ってきたから、医者が集まって、どうしたらいいか、村人や患者には内緒で協議しました。当然、伝染病であるかないかを早急に解明しなくてはならない、となった。しかし、検査をする道具もなければ、場所もない。それでもやるしかない。まず、ほとんどの症例に共通する腸管出血を手がかりにチフスと赤痢を疑いました。

とにかく、死体をひとつ持ってきて、徹底的に解剖してみることになりました。チフスや赤痢といった伝染病であったなら、腸に変化が出ているはずですから、解剖して、腸を診ることになったのです。しかし、誰がそれをやるのか。

「それを診ることのできる医者が誰かおるか」

私が伝染病棟に勤務していたということを院長が知っていましたから、

「肥田、お前、やれ」と言う。

いやだし、おっかないと思ったけれど、やらなくてはいけません。

そのときはまだ終戦になっていませんでしたから、敵機が来襲するのです。戦争が終わっていないのだから、当然です。

空襲警報こそ鳴らないけど、聞き覚えのある爆音が聞えてくる。そうなると大変です。学校の校庭で寝ている患者が、泣くのはいる、わめくのがいる……恐いんです、また同じことが起きると思うのです。とつぜんピカッと光ったと思うと、街が人間といっしょに消滅したのですから……。

そういうなかで、深夜に誰もいない林のなかへ死体をひとつ戸板に乗せて兵隊に運ばせました。しかし、電灯はつかえません。敵機に見つかるからです。だから真っ暗ななかで、蝋燭の灯だけをたよりに、バケツに六〇杯くらい水を用意して兵隊にみんな持たせて、死体を解剖をする。作法も何もないんです、いきなりお腹を切って、じゃーっと血を出して。腸以外は調べもしないんですけど、ざくざく切って、腸を引っ張り出して、かたっぱしから切り開いて、バケツの水をかけさせ、じゃーじゃー洗って汚いものを出しながら、目を凝らして見ていくのです。チフスやら赤痢といった腸管の伝染病だったら、出血しているところが大きく固まってあるんです。これはもう、何回もやっているから、私はすぐ分かる。

腸はすごく長いんです。つけねから引っ張り出して、十二指腸のところで切り落として、そこから肛門のところまで、端から端まで切り開いて診ていって……。結果、伝染病じゃないようだ、という結論になりました。それを頼りに、伝染病ではないと自分たちに言い聞かせるような形になった。それからは、伝染病の可能性については、ひとことも誰も言わない。

実際、病気の正体は伝染病ではなかった。原因は放射能だったのです。

夫を探して。松江から広島にやってきた若い奥さん

忘れられないある体験をお話しましょう。

昭和一九年、つまり原爆投下の前の年、島根県の松江で結婚した新婚の夫婦のお話です。この夫婦は、旦那が松江の県庁に勤めてすぐに広島県庁へ転勤になり、昭和二〇年の四月に広島へきて間借りをしていました。

奥さんは、当時、二〇歳くらいでした。割烹着を着て、国防婦人会の襷《たすき》をつけて、出征の兵士を万歳と送るし、帰ってくる遺骨を迎える、当時の銃後の夫人がやっていたことをやっていたそうです。ちょうど七月の二五日、原爆の落ちる十日くらい前に、奥さんはお産で松江に帰った。そして無事にお産がすんで、「赤ん坊が産まれて良かったね」って、おばあちゃんと二人で話していた。すると八月七日にラジオで、

「広島は米軍が新型爆弾を投下して、相当な被害が出た模様」と放送が流れた。

そして、それっきりなんにも情報が入らなくなった。広島が爆弾でやられたというのは初めてです。それまでは爆弾は落ちていないのですから、奥さんも心のどこかで広島は大

原爆投下３ヵ月後の広島・右側に似島が見える
（撮影者：米軍　提供：広島平和記念資料館）

丈夫と安心していた。ところが新型爆弾で大変な被害が出たという。夫に何かあったら大変だと彼女は思った。

そしたら何日か経ったら、松江の人で、広島に知りあいがいるものだから現地に見に行った人がいた。戻ってきたその人に現場の状況を彼女が聞いてみると、

「広島は一軒も家がない。人はみな死んだ」

「もう広島は全滅じゃあ」という返事だった。

奥さん、さらに心配になってしまった。赤ん坊をお母さんにあずけ

福屋（旧館）から見た風景
（撮影者：米軍　提供：広島平和記念資料館）

て、原爆投下からちょうど一週間目に広島に入った。

汽車に乗って途中まできて、あとは、歩きです。広島へ歩いて入った。

広島へ北から入ると、どの道を通っても山陽線の土手にぶつかります。その土手を這い登って、土手の上に立って広島を見る。すると全市が見える。向こうの海まで見える。奥さんも恐らく、土手の上から廃墟の広島を眺めたと思います。

福屋という八階建ての百貨店、燃えてなかはがらんどうですけど、形だけ焼け残っている。それと朝日新聞社の、これも八階建ての建物の残骸。これだけ見える。あとは小さいのがいくつか残っただけ。あとはすべて廃虚です。広島のお城も見えない。焼け野原が先に目に入る。その向こうに海が見える。

奥さんは呆然と立ち尽くすしかなかったろうと思います。自分の家はどこにあったのだろうか、それすら分からないくらいに広島は変わり果てていました。引っ越してきて一年しかいないから、よく分からなかったんです。海のそばだったというのを覚えていて、まっすぐ海に向かって歩いた。どこをどう歩いたって歩けました。なぜなら、そのときの広島はぜんぶが燃えてしまっていましたから。行く手をふさぐのは瓦礫だけです。

大きな電車通りがある。それを伝って、海のほう、海のほうへと歩いたと彼女は言ってました。

そうやって夫を探したそうですが、一週間目に、親切にしてもらっていた女性に、

「奥さん、毎日探しに行きんさるね。元気やね。でもあんた、旦那、生きている旦那探すんかね。死んでいる旦那を探すんかね」

と聞かれたのだそうです。そこで奥さんは、

「生きている旦那を探す」と答えた。すると、

「そんなら、こんなところにはおらんよ」って返事が返ってきた。生きている人間はみん

な、周りの村へ行って看取られていると。

それなら早く言ってくれれば良かったのにと、今度は広島の廃虚から、周囲の村を回って夫を探したのだそうです。そうして探し歩いて、私たちのいる戸坂村《へさかむら》までできて、夫に巡り会った。

夫はねえ、県庁で天井が落ちて下敷きになって脚をつぶされた。大腿骨骨折です。骨が折れて脚の肉を突き破って外に出ている。天井に下敷きになったまま本人は骨折で動けませんから、そこで倒れていた。直前まで一緒に仕事をしていた軽症の同僚たちが集まってきて、彼を引っ張り出してくれたとのことです。そうやって助けられて、火が回る前に表に出た。でも、足が折れて動けない。だから、同僚三人に担いでもらって戸坂村まできて骨折の治療を受けていたのです。

夫には、戸坂村に大きな農家の親戚がいました。そこの家は爆風で崩れていたのですが、土蔵があった。親戚は土蔵の荷物をみんな外に出して、骨折した夫をそこへ寝かしてくれた。

すると、他の人たちもたちまちいっぱい入ってきた。すると軍医もきて。土蔵は日陰だし涼しいし、すると自然に重症患者が入れられて、軽症患者は追い出されることになりました。その土蔵が重症患者用の病棟代わりとなったのです。

大腿骨骨折の夫は、

「お前は半分重症だから端の方にいろ」と言われて、入り口のところで寝ていた。衛生兵が力づくで、

「そんなものはすぐ治る。俺が治してやるから」と言って脚を引っ張って飛び出した骨を肉のなかにもどして、あとは消毒も何もない。有り合わせのぼろっ切れでぐるっと巻きつけて、脚が動かないように竹の棒を当てて、荒縄で縛ってそれでおしまい。

「こうやって、あとは寝ていれば治る。動けるようになったら、這ってでも帰れ。こんなところで、いつまでも人の迷惑になるな!」

などと言われて……そうしているうちに、離《はな》れ離《ばな》れになっていた奥さんに会った。

これは、戸坂村《へさかむら》中の患者たちの間で噂になりました。

夫は原爆にあって、奥さんは出産で松江の実家にいて、必死に探して、たまたま農家の土蔵の隅で、巡りあった。

「あんな幸せな野郎はいない」と、重症患者たちまでが口々にそう言いました。

患者たちの誰もが、そして患者ではない人たちも、家族はみな死んでしまったとか、子

どもを失ったとか、そういう悲しみを背負っていました。

どの人も、この人も不幸のどん底でした。それが、新婚の奥さんが、必死に探して、巡り会えた。

「とんでもねえ野郎だ」

「あんちくしょう、こうなったら、あいつを何としてでも生かして帰してやろう」

周りの患者たちはみんなそう言ってました。

そして配給のおむすびを、一〇人が九つ食べて、ひとつ残すようになったんです。

「これはあいつにやれ、あいつにやれ」って。

何とかして元気で奥さんの元へ帰してやろう、と戸坂村の人々の誰もがそう思っていました。

原爆にやられて苦しむのは自分たちだけでじゅうぶんだ、と。

ひとりでも幸せにしようじゃないか、って。

そういう気持ちだったのです。

医者の私が土蔵へ行っても、重症患者ばかりですから、毎日かならず二人くらい死ぬんです。だいたい一七、八人が土蔵に入っていて。処置をしても死ぬのは分かっているから、医者の私もだんだん麻痺《まひ》してきて、死について何も考えなくなってくるのです。慣れっこになっていくのです。

それでいつものように診察をして帰ろうと思ったら、入り口に寝ていた兵隊――大腿骨骨折で寝ている夫ではなく別の兵隊です――が、私の服の裾を引っ張るんです。

「軍医どの。お忙しいのは分かりますけど、後ろのほうに着物を着た女の人が寝てます。そのひとは、風邪をひきかけて寝てますから、申しわけないけど、あの人を診てあげてください」

医者の私にそう訴えた兵隊は、それから三日後に死んだ重症患者でした。その重症患者が、自分の苦しみよりも、他人の心配をしているんです。男の重症患者たちなかに、普通の和服を着た若い女性が寝ています。服が焼けていないので、被爆者ではないと分かりました。治療所巡りをして、家族を探している人だと思いました。それで風邪をひいたんだな、と。

そのころは、外から家族を探しにきた人たちがたくさん村にも訪れてきていた。大阪からきたとか、東京からきたとか、そういう人たちもたくさんいました。

そういう人たちは、村のなかを歩きながら、名前を呼ぶんです。被爆者たちの顔を見て

も火傷が酷くて家族かどうか、知りあいかどうかが分からないのです。それで、

「大阪の天満の何丁目の誰それはいませんか～！」って呼ぶんです。

知っている人がいれば手を上げて、

「ああ、その人ならここにはいないで。なんとか村のほうにいるよ！」って教える。それで情報を得るわけです。そういう人たちのひとりだと思ったのです。この女性は被爆はしていないと思うから、診もしませんでした。男ばかりの場所で胸あけて聴診器というわけにもいかないし、どっちみち風邪だろうと思っていますから。

しかし、兵隊に裾をつかまれて頼まれて、そう言われたら、そのまま帰るわけにはいかないですから、また戻って、

「奥さん、どうしました。こんなところに寝ていて、風邪をひかれたんですか。お薬あげますから。すぐ治ります」って、解熱剤を奥さんに渡しました。

「これを飲んで、今晩寝なさい。二、三日寝ていれば治ります」

そのまま診ないで帰って、翌日も診なかった。その翌日もやっぱり診なかった。四日目に行ったときに、「もしまだ寝ていたら、一回診なくちゃいけないな」と思いながら、土蔵に入ったんです。

入ったとたんに、ぱっと見たら、真っ青な顔をしているんですね。健康的な綺麗な女性だったのに。

それに、襟の合わせのところから見える白い肌に、紫色の斑点があったんです。びっくりした。さすがにこの女性に紫斑が出るわけはないのにと思った。

そばに行って、訊ねました。

「奥さん、どうしたんですか?」

そうしたら、本当に小さな声でね、夫を探して一週間、広島の町のなかを歩いた話を話してくれました。爆発から一週間経ってから広島に入って、一週間夫を探し歩いたわけです。

原爆はこの人が入市する一週間前に爆発しているのです。なのにどうして紫斑が出るのか。いくらなんでも出るはずがない、と私は思いました。しかし現に症状が出ている。信じられない思いでしたが、医者としては患者に「とにかく寝ていてください」くらいしか言うことがなかった。

その土蔵には一日三回は顔を出すんです。すると、だんだん熱が高くなってくる。風邪だったらそろそろ治るはずなのに。

おかしい、おかしいと思っていたら、粘膜から出血が始まった。口が臭くなる。で、最後は頭の毛がばさっと取れちゃう。

旦那は脚に棒をくっつけて寝ているから、這って行って、妻の体に触るのがやっとなんです。名前を呼んで。

「俺は広島でピカにあっとる。おまえは一〇〇キロ以上も離れたところでピカにもあわんで、なんで病気になるんや」と、おんおん泣くんです。旦那が。

すると周りがみんなもらい泣きした。

でも奥さんは、旦那が必死で名前を呼び続けるなか、死んでしまいました。旦那は生きて、松江に帰りましたが、最後はやっぱり癌で死にました。

そういう例を生々しく見て、知っている医者はもうおそらく私しかいないでしょう。

原爆投下から一週間目に松江から広島に入ったという奥さんが死んだ。一週間経ってから広島の街に入ったのに死んだ。これで確信になりました。原爆に直接あっていない人も、原爆にあった人たちと同じ症状で死ぬということが。

理由は分からない。でも、現実がそうなっている。

後から街へ入っても、病気になる。

スターングラスの内部被曝論文との出会い

原爆が爆発したとき、街をひとつ破壊しつくすほどの熱と爆風とともに、放射線という目に見えない毒の光線が広島の街を襲ったのです。放射性物質という非常にこまかい物質からも放射線が出ています。猛烈な毒です。放射能は飛び散った瓦礫、埃、塵《ちり》にくっついていて、風や雨で遠くに運ばれていきます。その埃を吸い込めば、その埃は微量でも放射線を出していますから、体のなかから毒の光線、放射線を浴びることになります。それを内部被曝または体内被曝といいます。

放射能は目に見えず、においもせず、人間には感じることもできません。しかし体をむしばむのです。

原爆が爆発した後から広島市に入ったにも関わらず、原爆を受けたのと同じ症状で病気になったり、死んだりする人が続出したのは、放射能が原因だったのです。

放射線障害、わけても内部被曝については、誰も何も教えてくれませんでした。原爆投下時に広島にいた人たち、それから、後から広島市内に入った人たちが、特徴的な症状を

核実験演習に参加するアメリカ兵
（(c)Bettmann/CORBIS/amanaimages）

出して死んでいく、医者としてその病気と闘うなかで試行錯誤《しこうさくご》し、資料を探し回って分かってきたことです。

　しかし、そういうことが分かったのは、ずいぶん後になってからでした。私が内部被曝について知識を得たのは、戸坂村《へさかむら》で治療活動を行なっていたときから三〇年ほど経ってからです。

　この病気の正体を学問的な形で知ったのはスターングラスというアメリカ人の論文からでした。世界的な放射線科の教授ですが、そのスターングラスが、アメリカの核実験の論文を書いたのを読んだのです。

アメリカは一九五〇年ごろから頻繁《ひんぱん》に核実験を行なっていました。そこでなんと、自国の兵隊を実験で被曝させていた。原爆が爆発する瞬間は離れた塹壕《ざんごう》などに退避《たいひ》しているのですが、原爆が爆発した後、進撃訓練をしたり、機関銃を何分で発射可能にできるか、などの訓練を行なった。つまり、広島・長崎の入市被爆者と同じように初期放射線（原爆が炸裂してから一分間以内に放出される放射線）は受けないが、後から落ちてきた埃を吸い込んで多くの兵士が内部被曝してしまった。アメリカ政府は自国の兵隊が内部被曝することを知っていて、そういう訓練を行なったのです。

スターングラスは、その実験の結果、兵隊にどのような健康被害が出たかを論文にしたのです。

被爆者援護制度と原爆症認定制度の矛盾

広島、長崎の場合は、「原爆が炸裂したときに確かに広島市・長崎市にいた」など、いくつかのことを証明できれば、そして本人が申請すれば、被爆者と認定されて被爆手帳がもらえます。

被爆者手帳には四種類あって、差別はあるんですけど、広島・長崎の市内（政令で定めた隣接地をふくむ）で直接被爆した人は一号。それから、原爆投下から二週間以内に広島・長崎の市内（政令で定めた地域。爆心地から二キロ以内の地域）に入った人、つまり入市被爆した人は二号。三号は距離に関係がなく、被爆者がたくさん集まって治療を受けたりした場所で、そこで介護したり、治療などを手伝った人。衣服にさわったりして、放射性物質を知らず知らずに吸い込んだりとか、そういう可能性がある介護に関わった人が三号。それから被爆当時、一号～三号を持っている人の胎内《たいない》にいた胎児。胎内被爆者。これが四号。

この四種類があるんです。

それで、認定被爆者（原爆症と認定された疾病《しっぺい》の治療中である被爆者）にしてもらえるのは、実質的には直接被爆者である一号だけなのです。「その条件を満たさない人の病気も、原爆症認定はしないわけではない。ちゃんと調査する」とは言ってますが、実際には、切り捨てられることになりやすい。

どれだけ具合が悪くても、どれだけ放射線量が検出されても「関係ない」と言われる。

あんたはだめと断られる。

その差別に被爆者は腹を立てるのです。自分だって被曝して体の具合が悪いのに、と。

そういう国から見捨てられるような目にあった人たちが、ひとりじゃかなわないから、日本中で三〇六人が集まって、集団で政府を訴えるということが起きました。たとえ死ぬ間際でも、戦おうと。

たまたま私は大阪の患者の裁判を頼まれて、証言を引き受けました。

私はそうした裁判の前から、原爆が炸裂した後から広島や長崎に入って病気になった人たちを「入市被爆者」と名前をつけてその実態を訴えていました。「原爆が爆発した後に市内に入った場合も放射線の被害があるよ」と。ずっと言ってきましたし、書いてもきた。

しかし、なかなか「入市被爆説」を支持してくれる人はいなかった。

アメリカも「それは違う病気だ」と決めつけた。押しつけるような形で。

放射線が原因の病気ではないとそう言われ続けてきたんです。

だから私は、仲間からも、みんなからも、

「肥田先生は、入市被爆キチガイ」と言われていました。

被爆者自身が信じない。入市被爆を認めようとしないのです。

原爆の熱線で皮膚がズルズルになるような酷い火傷をして、それでも助かった人がいるでしょう。放射能の影響は目に見えにくいのですが、皮膚の被害は目に見えますから、皮膚に火傷の痕《あと》やケロイドのある人は、広島・長崎ではひと目見て原爆の被害者だとわかる。そういうわけで火傷やケロイドのある人たちがまず集まって、被爆者の会をつくることになった。

被爆者どうしが連絡しあい助け合い、国などに対して援護策を求めるのはよいことですが、入市被爆の人や黒い雨に触れたり体内に取り込んだ人など残留放射能の被害者は、見た目では被爆者とはわからないので、なかなか集まるきっかけがありませんでした。火傷の痕のある被爆者のなかには「被爆者とは火傷をして、最初に頭からピカを浴びた人のことだ」と主張する人もいた。

入市被爆者が被爆者手帳を持っていても、「あれは後から市に入ったから、被爆者じゃない」と、仲間同士で差別をした。苦い経験です。

放射能というものが分かっていなかった。いまだって、分かっていないのです。放射能は、においもないし目に見えないのだから。

被曝による病気と言っても、原爆投下から何年も経ってから症状が出てくるひとがいるのです。だけど、火傷もしていない、何年も普通に暮らしてきた、それでなぜ被爆者なのかと、直接ピカにあった人が思う。

同じ被爆者なのだと言う私に、直接原爆を受けた人たちが、

「肥田先生は、あの原爆の大きな被害を放射線の問題だけに矮小化《わいしょうか》している」

と言うのです。

私が「後から入市して被曝した人々も同じ被爆者なんだよ。体内にとりこんだ放射性物質で被曝する内部被曝は、あなたがピカで頭から浴びせられたものと同じ、放射線によって傷つけられることなんだよ」と言っても、ぜんぜん理解ができない……というよりも、理解しようとしない人たちがいるのです。拒絶するのです。

原爆のもの凄く巨大な力があって、ある人は焼き殺される、ある人は潰されるという、そういう手ざわりのある巨大な力として原爆を見て、目に見えない放射線で自分の毛が抜けたんだということを……認めたくない。そういう心理も働いていて、被爆者自身が、後発の原爆症というものを認めたがらない、ということがたびたびありました。

ぶらぶら病

「ぶらぶら病」というのは医者がつけた病名ではなく、被爆者の家族がつけた病名です。外から見ても病気らしいところは何もない。なのに、農作業に出かけても三〇分と立っていられない。「俺はもう、だるくて動けない。先に帰る」と帰って、そのまま一日中、横になってしまうのです。

毎日そんな調子なので、家族や村人たちは「あいつは広島に行って怠け者になって帰ってきた」と言うわけです。

医者に診せても、検査をどれだけやっても病気が見つからない。だるくて動けないから入院する者も出る。だけど何も病気が見つからない。家族たちが、いつのまにか「ぶらぶら病」という名前をつけて、医者も便利だからこの仮の病名を使うようになって、噂が全国に散っていった。

本人たちは本当にだるくて、立ち上がる力が出なくて、動けないんです。だけど、医者も病気じゃないというし、あれは怠け病じゃないかという目で見られる。被爆者という差別の目で見られ、さらには、怠け病という目でも見られてしまう。

放射能障害についての情報らしい情報は、何もないのです。医者も「病気ではない」と診断する。病気ではないなら「怠け病」だ、という意味で「ぶらぶら病」です。

そうした「ぶらぶら病」の患者が、広島、長崎を中心に全国から、医者の私のところへやってきます。実際に診察して驚いたのは、患者が訴えるだるさの程度の強さです。「だるい」という言葉で連想する疲労感とは、異質なものなのです。私が経験して知っている「だるさ」とは比較にならないのです。

こういうことがありました。初診の患者なのですが、何か言いにくそうにしている。ピンときて人払いをして二人きりにしました。すると果たして、

「広島におられた肥田先生ですか」と切り出した。そうだと答えると、安心して「私も広島の被爆者です」と打ち明けるのです。

とにかく、だるくて、かったるくて動けないと言うのです。じゃあ、原爆が爆発したときどこにいたのか、どこで被爆したのか、と尋ねると、原爆が落とされた時は中学二年生で岡山にいたが、翌日に父親を探しに広島へいって焼け跡を歩き回ったという。

そうして話を聞いているうちに、突然、

「先生ごめんなさい」と言って、私の机につっぷしてしまう。それでも辛くて、椅子から下りて床に座り込んでしまった。そして最後には、床にすっかり横になってしまったのです。

「そんなにだるいのか？」と聞くと、「そうなんです」と答える。私はそのとき初めて「ぶらぶら病」のだるさはただ事じゃないと思いました。

アメリカは内部被曝の問題を知っていた

原爆を造って広島、長崎に投下した側は、爆弾の威力はもちろん、内部被曝の問題も最初からよく分かっていました。原爆投下の前からアメリカ政府は、自国の国民に、本人に何も知らせず無断でプルトニウムを注射する人体実験なんかをやっていたんですよ。

原爆を最初に造ろうとした学者、技術者たちは、具体的な攻撃目標を頭に描いていました。ナチスドイツです。

ナチスドイツが原爆を造る前に、こちらが先に造って、攻撃してやろうと。

どうやって攻撃するか。原爆とはまた別に、ドイツ国民を内部被曝させて病気にしてしまおうということも考えていたのです。放射性物質をたくさん作って、ドイツの食料を汚染するという作戦です。ドイツの国民がそれを食べると、みんな内部被曝をして、発病する。それでドイツは戦闘能力を失い、戦争続行能力を失う。ドイツ国民の大多数が病気になる、それを目の当《まあ》たりにすれば、ヒットラーも降伏するだろうというわけです。降参するわけですから、ナチスドイツの原爆開発もストップできます。こう考えた。これは記録に残っている話です。『死にいたる虚構』という、私の訳した本のなかにも書いてあります。

ジェイ・M・グールドというアメリカの統計学者が書いていて、私はまた、彼の『内部の敵』という本も訳しています。

この『内部の敵』というタイトルは、体の内部に入った放射性物質のことと、もうひとつは国のなかで、学問のなかで、「内部被曝なんかない」と言い張る勢力を内部の敵、とふたつかけたタイトルになっています。内部被曝や低線量被曝の危険性を隠した政府や、電力資本という「内部の敵」です。

この本は、大学の先生方は見向きもしなかった。

しかし、二〇一一年三月一一日に福島で原発事故が起きてから、今度は、大学の先生が興味を持って読んでくれるようになった。

みんな、ようやく、内部被曝について勉強をはじめた。

だけど、それまでは、私の言うことに耳を傾けるよりも、アメリカに睨まれることが嫌だったんでしょう。アメリカと厚生労働省に睨まれたら、大学教授だって何だって、みんなひどい目にあうし、実際にひどい目にあう前に、それを想像して震え上がるんでしょう。研究の予算を減らされたり、へたをすればクビになると。

では開業医はというと、毎日、患者を診るのに手がいっぱいで、そんな問題に関わっている時間はない。ある開業医のところへ被曝者が治療を受けにやってくることなんて、あったとしても一人か二人でしょう。近所に被曝者がいなければ、診察することもない。自分が診察する患者でもない人たちの病気について、深く考えるという時間が開業医にはない。今日を生きるのにせいいっぱいという感じです。

そんなものですから、開業医のほとんどは、放射線被曝に関心をなかなか持ってくれない。

怠け者の汚名

放射能は目に見えないし、においもないし、感じません。ごくわずかの放射性物質の塵を吸い込んで、だいぶ時間が経ってから発病する被曝者の人がいても、原因が放射能だとは、なかなか分かりません。

低線量被曝の場合、火傷をしているとか、目に見える被害がなんにもないのです。

「どこが悪いんです?」と訊いても、

「わけが分からないんですが、とにかくだるいんです」と言うだけでしょう。

体のだるさを感じているうちに、放射能がどんどん身体をむしばんで、最後に癌になっても、今の医学ではそれが放射線の影響かどうか分からない。

ぜんぜん分かりません。

事実、私の病院へ六〇代の男性が二人、たまたま癌で入院してきたことがあるんです。お互い面識はありませんでした。ふたりは、二日か三日たがえて死んだんですが、その二人が生きているときに、病院のなかでなんとなく近づいて、

「あんた被爆者？」

「そうじゃ」

という会話があったらしいんです、看護婦によると。

そういうことがあってから、患者が死んで、医者が家族の了解を得て、両者を解剖して、いっしょうけんめい調べた。

なんにもないんです。特別なことは、なにもない。

いまある医学の検査の手段では、なんにも出てこない。

本人が名乗って、被爆者手帳があれば、被爆者だと分かります。そうでなければ分かりません。

戸坂村《へさかむら》を出ることになり、私たちが山口県柳井市《やないし》というところで国立病院を作って、仕事を始めました。開院当初は、広島から連れてきた被爆者だけが患者でしたが、そのうち山口県に帰っていた被爆者たち、さらには中国地方に逃げていた大量の被爆者が、国立病院ができたことを知り、みんなここ柳井国立病院に集まってきた。

まあ、古兵舎を改造した、病院とは名ばかりのもので、壁や窓枠の隙間に新聞紙の目張りをし、七輪に木切れをくべて暖をとる病室で、設備も資材も食べ物も薬も乏しい惨めな状態でしたが、それでも必死になって患者を診察しました。しかし、重傷患者は次々死んでいき、また、だるいというだけの軽症の患者が、横になっている時間が長くなったな、と思っているうちに、ある日の朝、死んでいるということが度々あって、私たち医者は動揺し、頭を抱えました。

また、生き残った人々も「ぶらぶら病」でみな苦しんでいました。病気の苦しみ、そして、その苦しみを「怠け病」と見られて、分かってもらえない苦しみ。ふたつの苦しみです。

「怠け者」

「飯も食べる、よく寝る――別に病気でもないのに、元気なはずなのに――しかし仕事をやらせるとすぐにかったるいと言って寝ちゃう」

「どうも、広島に行って、怠け者になって帰ってきた」

そうした噂が評判になって、就職もできない。

学校へ行こうと思っても最後まで就学できるか、被爆者たちはそれが不安なのです。

結婚しようと思ってもたいへんです。当時は、被爆者には差別がありましたから。相手が被爆者でない場合は被爆者側が「被爆者」という理由で結婚を断られるということがたくさん起きました。

優しい人は、断られるより先に自分から結婚をためらう。産まれてくる子どもに迷惑をかけるのではないか、女房に迷惑をかけるのではないか、夫に迷惑をかけるのではないかと心配して、自ら結婚をあきらめるのです。そういう人がいっぱいいた。こういう人たちの苦しみ。

挑戦する前に、いろいろなことを諦めなくてはいけなくなる、そういう苦しみです。現実の社会に人間として生きていて、自分は一般の人と同じことがやりとおせないということが、「雇用者側は初めから雇うつもりがない」「結婚を反対される」という前に、まず自分自身に引け目がある。一人前の人間として社会で生きていけないという悲しみと苦しみです。それに加えて、外部からくる差別があるのです。

被爆者は、生命保険にも入れてもらえなかった時期があるんですよ。

敗戦当時は、国民健康保険というのはなかったんです。日本銀行とか、八幡製鉄とか、大企業の労働者は、労働の中身は過酷で悪いかもしれないが、それでも社員は健康保険証は持っていた。

ところが中小企業とか、あるいは農民商人の国民健康保険というのは、ずっと後になってできたのです。

そうすると、たいていの人が全額実費だから、体の具合が悪くてもなかなか医者にかかれなかった。

どうしようもなく具合が悪くなってしまい、医者に診てもらうために借金したという人もいましたが、その借金が原因で、子どもを身売りする、ということが戦後にもあったんです。

被爆者は、さらに医療を受けにくかった。被爆者の救済も原爆投下から七年間――ＧＨＱ（連合国軍最高司令官総司令部）占領下の七年間――は何もできなかった。

被爆者の救済活動らしきことに首を突っ込むと、「被爆者の味方をするということは反米活動だ」「原爆被害は米軍の機密だからしゃべるな、書くな、写真や絵に残すな」と、進駐軍が睨みをきかせる。具体的にはアメリカの憲兵ですが、その下働きとして、日本の警察が忠実に働いていているのです。

日本は占領されていましたから、警察はアメリカの言うことを聞く。他国の軍隊に占領されたとき、どんなことになるかというのをそれまで経験したことがなかった。日本の法律がまったく通用しない。

戦後、平和憲法ができまして、そういう良いこともあったんですけれど、被曝の問題が公になるのはアメリカにとって都合が悪かったですから、そんなことは何もないような顔をしていなければいけなくなる。占領政治のほうが強いんですよ。憲法よりも法律よりも人の命よりも。

こういう事件がありました。占領が始まってからまだ一年位のときに、銀座で酔っぱらっていた米兵が、通りかかった女性をつかまえて、大通りでレイプした。で、見ていた日本人の男性が、これはいくらなんでもひどいから、飛んでいって「やめてくれ」と言ったら、その男は米兵に殴る蹴るで殺されてしまった。日本の警官は見ていたけど、何もしないし注意のひとことすら言わない。こういう状態が日本にあったということすら、今の日本のほとんどの人は知らない。

占領というのはそういうものなんです。

日本の兵隊もよその国でやったんだけれども。

侵略とはそういうものなのです。

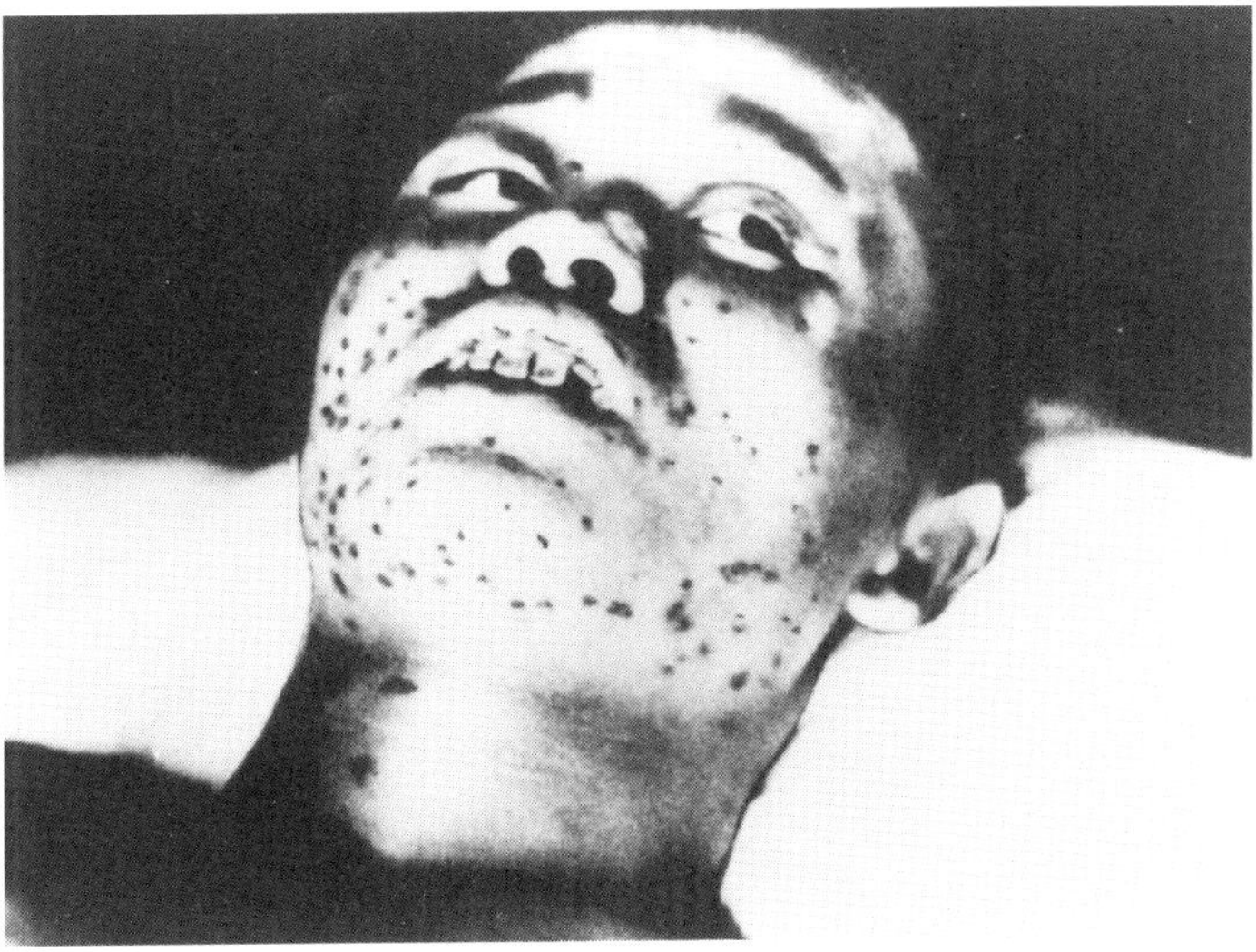

9月3日、広島第一陸軍病院宇品分院にて死亡した21歳の兵士
（撮影者：木村権一　提供：広島平和記念資料館）

放射線の被害を隠すアメリカ

原爆によって、大勢の人が熱戦や爆風で、ひどい火傷や怪我を負って、むごたらしく死んでいきました。戦争兵器による無差別殺戮です。しかし、それ自体はたとえば東京大空襲で一〇万人焼き殺されたというのと、質的には変わりはない。原爆の大きな特徴というのは、放射線による被害なんです。

核兵器の恐ろしさは、戦争が終わっても簡単には消えない放射能によって、人間を殺し続けることです。

民間人、とりわけ戦争には何の責任もない子どもたちが放射能の犠牲になっていくのです。

アメリカは、原爆の被害、特に放射線の被害を徹底的に隠そうとしました。ヨーロッパなどから「非人道的だ」と反対運動が起こり、ナチスドイツがアウシュビッツなどで行ったホロコーストなどと比較されるのを怖れたのです。

しかし、海外の記者が日本にやって来て、被爆者の不可解な死に方を記事にし始めました。放射能が生みだす奇妙な症状と死者についての記事ですね。そうした報道がされはじめた矢先、原爆投下から一ヶ月後の九月六日、アメリカの原爆開発「マンハッタン計画」の副責任者だったファーレルが来日して、東京帝国ホテルで外国人記者相手に記者会見をやった

マンハッタン計画の副責任者・トーマス・ファーレル
（出典：マンハッタン・プロジェクト歴史遺産保存協会）

んです。このとき、実はファーレル本人はまだ広島にも長崎にも一度も行っていなかったんですが、「原子爆弾は日本に大きな被害を与えたが、死ぬべき者はもうみんな死んでしまい、本日ただいまの時点では、原爆放射能のために苦しんでいる者は誰もいない」と発表しました。

その頃はまだ、火傷もケガもしていないのに死んでいく人々——高熱を出し、ひどい口臭、まぶたなど粘膜からの出血、紫斑、毛髪が抜け落ち、最後に大量に血を吐きだし——を前にして、私は混乱の真っ只中でした。

そしてＧＨＱは、一切は米軍の軍事機密だからと、原爆の被害については書いたり話したり研究したりしてはいけないと厳しく命令しました。広島での奇妙な病気のこともです。命令を破るとどんな目にあうかわからない。

そんなわけで、医者が症状を聞いても患者が口をきかなかった、とか、逆に患者が「私は、実は広島で被爆しまして……」と話し始めると、「その話はしないでください」と医者に言われた、という笑えない話が残っています。

被爆を隠して

朝鮮戦争が始まった昭和二五年（一九五〇年）、東京は杉並区の西荻窪で、労働者や貧しい人のための民主的な診療所をつくって活動していた時のことです。

下痢が続くと言って診療所に通っていた、一見、すごく年寄りに見える、小柄な男性患者がいました。職業はニコヨンといって、日当二四〇円で市の失業対策事業（公園の掃除や道路工事）で働く日雇い労働です。一ヶ月に一六日勤めて手帳に判を貰うと、日雇い健康保険を使って医療が受けられる。しかし、働く日数が一日でも足りないと、翌月は保険証を取りあげられてしまいます。だから本人はどんなに辛くても無理をして一六日は働くわけです。二方《ふたかた》という珍しい苗字で、いつも首に手拭を巻いているのが特徴で、絶対にとろうとしませんでした。

その患者がぱったり来なくなったんです。ひどく疲れた様子の患者で、治療を中断してよい患者じゃないので心配し、往診の途中にカルテの住所を訪ねてみました。ところが、その番地のあたりは大きな農家ばかりで、なかなか分からない。ようやく探しあてた家もやっぱり大きな農家で、しかし苗字が違う。おかしいなと思い、家人に聞くと黙って裏手の方を指すだけです。

行ってみると、今は鶏のいない、トタン屋根だけの金網をはった鶏小屋の中に戸板を敷いて、その上に敷いた煎餅布団《せんべいぶとん》にくるまって人が寝ています。痩せこけて変わり果てていたが、二方昌平に間違いありません。驚いて起き上がろうとするのを押しとどめて脈をとりました。看護婦が、二方の前をはだけて胸を出す。まさに骨と皮のありさまで、ろっ骨が高く出ばって聴診器の当てようもありません。腹部は陥没《かんぼつ》、皮膚はカサカサに渇き、まさに末期症状です。

看護婦に、注射器とブドウ糖を急いで届けるよう診療所に電話をかけに行かせて、姿が消えるのをたしかめてから「もう誰もいない。私も広島の被爆者だ。安心して話しなさい」と二方の目をじっと見つめながら言うと、彼の目に涙がにじみました。

思った通りタオルの下には右頸部に七・八センチのケロイドがありました。

症状は慢性の放射能症に違いなかった。すぐ入院させたかったのですが、これほど極度に衰弱しきっていては、運んでいる途中で息が絶えるでしょう。往診で最後まで面倒を見る以外に方法はなかった。輸液と輸血を続けて少し元気が出たものの、結局、二方は三日目に息をひきとってしまいました。

一ヶ月後、二方の友人が訊ねてきて、話をしてくれました。

原爆にあった者は家系の中にいて欲しくないとのことで、本家から遠回しに拒絶されて実家に帰れず、二方は、被爆者であることを世間に隠しながら働いていたとのことです。

1953年に撮影・36歳の頃

当時は、被爆者であることを知られることは、大変まずいことでした。
GHQ占領下の七年間は、占領軍から「広島・長崎の原爆に関することは一切、喋るな、書くな」と禁止されていたので、監視のため被爆者の周りを警察がうろうろしてるんです。労働組合にいた被爆者には、米軍の憲兵が監視につきました。そして、占領が終わった後も日本政府が引き継ぎ、監視は長く続けられました。警察に監視されるような人間には近寄らないほうが安全だと、大抵の人はそう思います。さらに、アメリカが放射能の被害や医学的な情報を隠してしまったために被爆者から病気がうつるという間違った噂がひろまってしまった。そうした中、被爆者はひどい差別を受けて、孤立して生きていかなければなりませんでした。

そして。差別を怖れた多くの被爆者が、被爆を隠しながら生きていくことになりました。

ＡＢＣＣの正体

放射能の恐ろしさをアメリカは力づくで隠そうとしました。いっぽうで、ＡＢＣＣという機関を広島と長崎に作りました。「Ａｔｏｍｉｃ　Ｂｏｍｂ　Ｃａｓｕａｌｔｙ　Ｃｏｍｍｉｓｓｉｏｎ」のそれぞれの単語の頭文字をとってＡＢＣＣ。日本語にすると原爆傷害調査委員会となります。

治療はまったく行なわないのです。ＡＢＣＣは、「ここは病院ではありません。検査はいたします。これはアメリカ軍の必要のために検査します。治療は致しません」と最初から表明していました。

被爆者本人が嫌がろうが何だろうが、集めて――ＡＢＣＣは自発的にこない被爆者を探しだしては、脅かすなどして無理矢理ジープにのせて連れさったりした――素っ裸にしてしまう。ＤＤＴという白い粉の薬をかけてシラミを退治して、それからいろんな精密検査を行なう。しかしその検査の結果は、ぜんぶアメリカが独占して、日本には一切発表しない。被爆者にも伝えない。

しかし、ＡＢＣＣの「治療はしない」という声明があったにも関わらず、自分から進んでＡＢＣＣで診てもらいたいと考えた被爆者が、はじめの頃はたくさんいました。

自分の病気に関して、打つ手はほかになんにもないのですから。せめて、自分の病気がどういう病気なのかは分かるんじゃないかと、そういう期待を持って行くんです。

日本の医療機関は何もできなかったから。

もちろんＡＢＣＣのほうでもひとりでも多くの被爆者のデータを集めようとしていろいろ調べて自発的にこない被爆者を探し出しては、ジープで連れていったりもしました。

被爆者が望んだか脅されて連れてこられたかどうかは関係なく、ＡＢＣＣに行くと、問診する部屋に通されて、原爆投下の当日のことから、逐一訊ねられます。

まず地図の上で○○町○○丁目の○○番地で被爆したと詳しく説明することを求められる。日本人の通訳、手伝いがそばにいますから、言葉を翻訳し、地図で確認します。

ＡＢＣＣは爆心地二キロ以内にいた被爆者のデータを集めていました。だから、被爆者が地図上に指し示した位置が、自分たちの求めている「爆心地二キロ以内の被爆者」ではない、つまり二キロ以遠《いえん》で被爆したことがわかったとたん、

「あなたは帰ってよろしい」となる。

帰らされるほうは理由は分からないのです。一切説明がないし、なんで帰らされるのか分からない。

被爆者は診察してもらいたいんです。しかし、ＡＢＣＣは、爆心地から二キロ以内のデータにしか興味がない。だから、

「あなたは決まりで、このまま帰ってもらいます」と帰されてしまう。

米軍の言うことだから文句は言えないでしょう。

原爆が投下された時の行動――どこで、いつ、どういう風に被爆したか――を正直に申告しなければならないし、細かく調べられます。それが何日も続くんです。なぜそんなことを細かく調べるのか説明がなんにもないし、訊いたところで「アメリカのやることだか

ら余計なことは訊くな」で終わりです。

しかし、そのうち二キロ以内で直接被爆した人間だけを問題にしているということが被爆者たちにも分かってきた。どうも治療は本当に何もしない、検査だけをするということも分かってきた。

ＡＢＣＣに行ってもどうにもならないということが分かっても、診てもらいたい人はやっぱり行く、逆に行きたくないという人もたくさんいた。連れていかれると、一五歳から一八歳くらいの女の子でも兵隊の見ている前でぜんぶ素っ裸にされるのです。頭からＤＤＴをかけられた後、向こうが用意した白い下着を着せられて、その上に白いマントを着る。番号をつけられる。

最初は入院させたらしいんです。しかしあっというまに施設がいっぱいになってしまった。なので、重病の本当に具合の悪い患者だけを入院させるようになりました。

そのうち、不思議な噂がたちはじめました。私たちが聞いたのは、焼け出されて仕事がないホームレスの人たち――すべて被爆者ですけど――そういう人たちをアメリカ軍がひっつかまえてまわっていると。そして、その人々にたっぷりと飯を食わせて、帰りは酒も飲ませると。ＡＢＣＣの敷地のなかで、何か作業をする、そのかわりに小遣いもくれると。そういう噂です。しかし、なかで行われている作業の中身をひとことでも外に漏らしたら命が危ない、という話もくっついていた。

外に秘密を漏らしたら命が危ない、そういう噂でも、飯が食べられるならというので、多くの人たちが喜んで行った。

ＡＢＣの敷地のなかで何をするのか。

実は、ＡＢＣの敷地のなかで死んでいく被爆者がいるんです。そうしたら、死んだ人間は解剖されて、臓器をぜんぶ取りだされ、サンプルにされる。そうした解剖の作業を、はじめは向こうの外科医がやっていたらしいのです。

ところが忙しくなって手が足りなくなってしまった。それで、かんじんなところだけ切っておいて、残りの臓器を切り取ってとりだすという仕事を被爆者がさせられたんです。

しかし、作業するのはまったくの素人ですから、ＡＢＣのなかでもこれは具合が悪いという話になったらしくて、今度は、向こうが前もってぜんぶ臓器をとりだした、どうの体に藁くずを詰める作業をやることになったらしい。後は、切り開いた体を最後に閉じるさいに、皮膚をあわせてアメリカの軍医がポイントポイントを縫った後、最後にしっかり縫いあわせるという仕事をしたようです。道具さえあれば素人でも縫えるんです。

つまり、死んだ被爆者の解剖の下働きです。その下働きに、被爆した人々を使ったんです。そのうちに今度は、がらんどうの体に藁をつめるのも忙しくて難しくなってきた。なんで遺体に藁くずを詰めるのかというと、遺体を家族に返すためだったのだけど、臓器をぜんぶとった空っぽの遺体が返ってくるわけで、遺族の評判は悪かった。それもあって、今度は遺体の親指を切って、この指だけを家族に返すということになってしまった。誰それという名前をつけて。

そういう経験話は、「口外すると殺す」と言われても、作業から帰ってきた人たちは、「内緒だよ」ということで酒を飲んで周囲にしゃべってしまうものです。それがまわって、私たちの耳にも入ってきたというわけです。

とにかく、被爆者は人間として扱われていなかったのです。

生きている人間が、どんなふうに扱われたか。若い女性が、兵隊の前で下着の最後の一枚までとられて、あっち向けだの、お尻をこっちに出せだの、変な格好をさせられて写真を撮られる。病人を助けるためじゃないんです。ただ、被爆者のデータが欲しいだけなんです。この話を聞いて、私はただでさえ腹を立てていたのに、これ以上ないくらいに怒りました。

悔しくて悔しくて。

当時、いざ何かあったら自決できるように、手榴弾数個とピストルを持っていたんです。戦争に負けた側だからといって、人びとが馬鹿にされたままだというのが悔しかった、私は死んでもいいから、この手榴弾をＡＢＣＣにぶち込んで、アメリカ人をみんなぶっ殺してやろうなんてぶっそうなことを考えた。それを仲間に話したら、「馬鹿なことはよせ。関係ない人たちまで迷惑をする」と叱られました。結局、周囲に止められて思いとどまりましたけれど、当時はそれくらい腹が立ちました。

ＡＢＣＣが遺体からとりだした臓器などは、結局、臓器別に瓶に入れて、名前を書いて、人間一人分の臓器をまるまるセットにしてアメリカ本国に送ったんです。

六、七年経ってから、日本で、そういう臓器は日本のものだから研究のために日本に返してほしいと運動が起きたのです。すると世界中の人々が国連などで応援してくれました。「返還するべきだ」って言ってくれた。それでアメリカも折れて、被爆者の臓器を送り返してきました。

ところが、大きなガラスの鉢に、大勢の人たちのあらゆる臓器を一緒くたにぶち込んで送り返してきました。

これでは、誰の臓器かなんにも分からない。

わざわざ、こういう残酷で非人間的なことをする。

しかし、彼ら一人ひとりの人間が、冷酷なわけではないと思います。そうではなくて、彼らの目的が冷酷なのです。

彼らは、被爆者を救うためにデータを集めていたわけじゃないんです。臓器をアメリカに持ち帰ったのも、被爆者を救うためじゃないんです。ソビエトとの核兵器開発競争において少しでも有利な立場に立とうとして、データを集め、被爆者の臓器をアメリカに持ち帰っていただけなのです。

新しい、より強力な核兵器を造るときに、広島、長崎でどういう被害が起こっているかというのをまず調べて、そのデータをふまえて新型の核兵器を造る。それはソビエトにできないことです。日本を支配下に置くアメリカだけにできることです。

そうしたデータを元に、戦略的に爆発力を小さくして、そのかわりに強い放射線、中性子線を大量に放つ、そういう新型爆弾を造る。大爆発をするんじゃなくて、強力な放射線を撒き散らすそういう核兵器です。通常の核兵器と比べて、熱線や爆風で死ぬ人の数は少ないが、放射線で病気になって死ぬ人が大量に出る、そういう爆弾を造ったりした。

しかも、その殺戮の質をどんどん高めていく研究をやってきたのです。

原爆乙女の渡米

顔や腕などにケロイドのある人たちは、誰の目にもすぐに被爆者とわかりました。その中でもとりわけ若い女性たちは、原爆乙女と呼ばれるようになりました。

原爆乙女の存在は、次第に東京にいる作家たちにも知られるようになりました。そして、その作家たちが中心になって、東京では原爆障害者の治療と更生のための募金運動が起こりました。その結果、原爆乙女十二人が大阪の大学病院などでも治療をすることになりました。この運動をアメリカ側がキャッチして被爆者の反米機運を沈静化させるには渡米治療が効果的と考えたんですね。実は裏ではＡＢＣＣが画策していたんです。

一九五五年五月五日、原爆乙女二五人がアメリカに旅だったのですが、その時の飛行機は米軍の輸送機でした。被爆者の遺体を解剖した時にも、その臓器標本は、みんな米軍の輸送機でアメリカ本土の米軍病理学研究所に運ばれました。被爆者の臓器をアメリカに送ったのと同じ岩国基地から、米軍の輸送機で原爆乙女は渡米したのです。

渡米後は付添いの牧師さんが全米の人気テレビ番組のメインゲストとして招かれ、広島への原爆投下機のエノラ・ゲイ号の元副操縦士と顔合わせまでさせられました。

原爆乙女の治療といってもケロイドはあまりよくならなくて、精神的なケアが中心でした。放射能の被害から目をそらすための作戦だったんだと、私は思いますね。

内部被曝の様子をとらえた画像・二〇〇九年の大ニュース

先に話しましたが、アメリカは、亡くなった被爆者の臓器を何人分も一緒くたにして、ぞんざいに送り返してきました。そして、それは日本の大学に保管されていました。

その被爆者の臓器を、七條和子さんたち長崎大学のグループが調べました。また、被爆者の細胞の中で、放射性物質が活動しているかもしれないと、七條さんたちは考えられたんですね。そして何と、プルトニウムの微粒子が、骨や腎臓などの細胞の中で、放射線を出し続けている様子をとらえることに成功したのです。

被爆から六〇年以上たった今も、放射性物質が細胞の中で放射線を出し続けている――これを確認したのは世界で初めてのことです。

「内部被曝（体内照射）」がどのようにまわりの細胞を傷つけ、健康に影響を及ぼすのかを解明する手がかりになるのでは、と私は期待しています。

広島の黒い雨地域の被爆者の国・自治体による支援拡大を求める被爆者は、七條氏にノーベル医学賞を贈るべきといいました。私もそう思います。

この大ニュースは、二〇〇九年六月二六日にNHKが報道し、続いて大新聞もとりあげました。しかし、その後はなしのつぶてです。七條さんが助教から昇進したという話さえ聞いていません（二〇一三年五月現在）。

アメリカや日本の政府の差し金なのか、マスコミの自主規制なのか、何にしても、これが未だ日本の現実なのです。

被爆者のための相談活動

日本の被爆者の方々に、私、肥田舜太郎という名前はよく知られています。

日本被団協の被爆者中央相談所の理事長になって（二〇〇九年に退任）、いろんな会議にもでるし、全国もまわりました。自然にみんな私を頼るようになる。被爆の病気のことは肥田先生に聞こう、となってくる。

東京に私たちが被爆者のための相談所を作って、毎週木曜日の午後、私は自分の勤めている病院からそこへ行って、三〇年間、一五〇〇日、ずっと働きました。

毎回だいたい、少ないときは二、三人、多いときは一〇人、二〇人と、日本全国から訪ねてきます。

ただ、北海道とか九州の人たちはあまりに遠方だから、なかなか相談にこれない。だから日本を北海道、東北、関東甲信越、東海北陸、近畿、中国、四国、九州の八ブロックにわけて、毎年、この八ブロックを一年のあいだにまわるということもしました。

各ブロックに所属する県――四国ブロックなら四国のひとつの県、例えば高知県――が当番になって、温泉などみんなが集まりやすい場所にブロック在住の被爆者と希望者が集まるのです。それぞれの事情がありますからみんなが集まるわけではありませんけど、都合のつく人たちが二日間集まるのです。最初の半日は私が講義をする。被爆者はどういうふうに体が痛んでいるか、どうして具合が悪くなるのか、などの話です。

どういうふうにすれば長生きできるか、とか。

午後は、一人ひとり、どうしても聞きたいことがあるという人が話しあいをして、その

診察中の著者
（提供：映画『核の傷　肥田舜太郎医師と内部被曝』（アップリンク））

上で代表が立って質問します。それに私が答えます。似たような症状で苦しんでいる人たちも知りたいことが聞けるわけです。

夜になると、一杯飲むんですけれど、どうしても他人には聞かれたくなくて、個人的に肥田に聞きたいという人たちは、寝るまでの時間に聞いてきます。

そういうことを三〇年続けました。訪問がどんなに少なかった県でも、五回は行っています。それぞれのブロック、それぞれの県に在住している問題を持った被爆者はみんな、私と会って話しているのではないでしょうか。

日本中の被爆者の顔をいちばんたくさん知っている医者は、おそらく、私だと自負しています。人間として、一人の被爆者と一〇分でも二〇分でも話をして、本人が苦しんでいるけど人には言えないことを話しあった。そういう人間同士の深いつきあいをしてきたと思います。

五年後くらいには日本を一周してまた戻ってきますから、すると、問題のある人とまた会える。その後の経過をみんな教えてくれます。だから私はその人の病気の経過も分かるんです。最後はどういうふうに死んだということも知る。

そうした話を繋げると、内部被曝の経過は、実際どういうふうになって具合が悪くなって死んでいったかということがだいたい分かる。そういうことで、内部被曝の実際について話をできる医者が私くらいしかいないというのは、やはり、蓄積してきたものがあるからです。

事故を起こした福島第一原発
（写真：TEPCO/ロイター/アフロ）

日本の奇妙な文化

私は、広島、長崎の被爆者を中心に診察、治療をしてきました。

二〇一一年三月一一日の福島第一原発事故で注目されることになった原発労働者。彼らも被曝しています。

ただ、原発の労働者は、我々のような外部の医者が診察すること自体がなかなかむずかしい。彼らは病気になると、例え風邪みたいな軽い症状でも、会社が指定した病院に行かされる。企業の指定医のところへ行くのです。

具合が悪いとなれば、指定病院に入院さ

せられる。入院させられると、その程度がどうであれ、かなりのお金がまず家族に払われるというパターンが多いらしいのです。

そして、

「これからどんなことが起こっても、よそで話をしてはいけない」と釘をさされる。「もし話をしたら、このお金はとりあげる」と。すぐ返せないくらいの額のお金をちゃんと渡してある。

だから電力会社の息のかかっていない我々には、そういう方々を診察するチャンスはまずありません。

しかし、福島の第一原発でたいへんな事故が起きて、大量の放射能が外界に漏れ出してしまった。

こういう事故が起こってくると、政府も簡単には嘘がつけなくなってくる。原発は安全ですと、人々を騙すのが難しくなっている。原発の危険性、放射能の恐ろしさが暴露されはじめる。

ただ、いままで隠されてきたそうした事実が公になったとき、私たちはどう生きるか。どう行動するか。それが大切になってくるはずです。

福島第一原発から7kmの地点で子供の遺体を収容する防護服姿の警察官
（撮影：広河隆一　撮影日：2011年4月15日）

これほどの事故があって放射能が漏れ出しても、電気が必要だと言って金もうけをする側につくのか。電力会社をはじめとする大企業、政府にたてついても、「放射能はごめんだ」「原発はもういらない」「核はいらない」とはっきりと意見が言えるか。

日本中が――放射能は国民かどうかなど区別しませんから――日本在住の市民が団結して、「原発はもういらない」と言えるか。

私は原水爆禁止の訴えをするために、世界中をまわって歩きました。フランス、ドイツ、最近独立したばかりというアフリカの小さな国にも行きました。そうした国々の、いろんな人たちと私は会って、論議してね。どこの国の人たちとも互いに対等に話ができる。ところが、原爆を落とされた当事国の日本では、人々が議論に参加する、ということがなかなかできない。私の経験ではそうです。

日本は、周りの人にあわせていくという人が多いのです。かならず人の顔を見て、人の意見といっしょに生きる。厳しい意見を言わせてもらえば、個人の能動的な意志、それから人権意識がない。

医者の私から言わせてもらえば、日本人は、自分の身体についてさえ責任を持ってない。具合が悪くなると、何も考えずにまず医者に行くと。しかし、人間の身体は一人一人みな違うんです。自分の身体は自分が主人公なんだから、どこがどんなふうに悪いか、経験上ね、ずっと理解を深めていかないといけません。残念ながら、今の医学は一人ひとりにあわせたものには、まだなっていないのです。

しかし、大抵の人は医者に全部おまかせ。

人の意見にあわせて生きようとするから、自分がないんです。周囲の意見と重なりあっている範囲で、自分の意見を言い、人権を考えますが、その枠からはみ出すと、とたんに自分がなくなってしまう。

政府と同じ意見、企業と同じ主張のなかで、その枠のなかで原発反対を言っていてもだめです。

「原発は兵器ではありません、平和利用です」と説明されて、「ああそうなのですか、安心しました」と納得してしまっていてはだめです。

もちろん、嘘をつく人間、市民を騙す人間がいちばん悪いのです。放射能の危険性を教えたり、核技術の危《あや》うさを人々に分からせたりしなくちゃならない立場の学者たちが、逆に「何も問題はありませんよ」と言う側になってしまったところが、日本の国民が無知のままできているいちばんの原因です。

しかし、その元にあるのは、自分でものを考えることをしない、日本の奇妙な文化にあると思います。

周りを見て、周囲の人々が何を考えているかを気にして、それについていこうとする。

これは、天皇制という制度の元で、自分を主張したらひどい目にあうと、大人になったら男の子は戦争に行って命を差し上げるんだと昔は教えられて育った。女の子は女の子で、「男に尽くせ」「自分の意見を持つな」と言われて育った。外の世界、海外の民主主義の価値観と遮断《しゃだん》されたなかで、そういうお国柄が時間をかけて作られていったのだと、私は思っていますけれどね。

江戸時代は鎖国もありました。日本という国は長いあいだ外の世界と遮断されて、明治以降は特に、国民を戦争に動員するという目的があって、いろんな外国の闊達《かったつ》な考え方が入らないように遮断されていました。そうしておいて、明治の官僚が、冷酷で無慈悲な暴力を背景にして、上からの強力な支配体制を自ら望むような国民に教育していったのだと私は考えている。

そういう国の形の名残が、終戦後の今も残っているのです。

日本は戦争に負け、その後、民主主義を導入したはずなのに、支配されることを国民が自ら望むような価値観、そういう文化がそのまま残ってしまった。「自分の考えを声に出さず、沈黙して、周囲にあわせる、とくに力の強い側にあわせる」という価値観です。「声に出さない」から議論もされず、そんなものはないかのようにみんなで振舞って、ずっと続いてきた。

一〇〇人集まって、九〇人が賛成だと言うかもしれない。しかし九〇人が賛成していても、一〇人は考えがちがう。民主主義は、その一〇人、その少数の意見を明らかにするのが大事なのです。自分たちは数が少ないけれど、反対意見を言う。こういう少数の考えの人々の意見に社会全体で耳を傾けることが大切なのです。

戦後ずいぶん月日が経ちましたが、民主主義が根づいたかといえば、まだだめです。民主主義がみんなのものになっていない。

それは、広島、長崎の被爆者の苦しみ、原発労働者の被曝者の苦しみ、内部被曝の苦しみ、〝ぶらぶら病〟と差別される人々の苦しみがみんなのものになっていない、ということでもあるのです。

茨《いばら》の道

しかし、勇気が必要なのも事実です。

「あれは隠しておこう」「これも都合が悪いから黙っていよう」と、そういう国のなかで、隠さない生き方、黙っていない生き方をつらぬくとはどういうことか。

自分の意見を言うといっても、その結果について考えないではいられないものです。

つまり、誰しも、自分に不利にならないことなら言えるということです。あなたが権力の側につくなら、それが多数であるという理由で多数の側につくなら、そのときは好きな意見をのびのびと言えるのです。

大学の教授が「原発事故が起きましたが、漏れた放射能は安全な範囲ですよ」と言ったら、テレビも新聞もそれを紹介する形で、みんな「安全ですよ」「大丈夫ですよ」と触れ回ります。無難に生きていくなら、あなたもそうした声に同調すればいいのです。その許された枠のなかで、私たちは自由を満喫《まんきつ》することもできるのです。

それに対して、テレビや新聞がどう言おうとも、電力会社や政府がどうあろうとも、それでも自分の声を出すのは、茨の道なのです。

「原発はごめんこうむります」と言う。

「放射能は危険です」と言う。

一人の大学教授が勇気を持ってそんなことを言ったら、たちまち厚生労働省の担当は、その人を注目して「あれは国のためにならん」と決めつけます。その教室の補助金が突然減らされたり、あるいはどこかに転勤させられたりとか、そんなことだってありうるのです。大企業の考え方、国家の指導方針に違う意見を言ったら、自分の利益にまったくならない。それがいやだと思ったら、やらないいんです、これは。

それでもなお、声をあげていくのは、勇気がいるのです。

ABCC批判の先頭にたった杉原芳夫のこと

サンフランシスコ講和条約によって、日本は独立したはずでした。しかし、その後もずっとABCCは日本に居座り続けました。

日本の大学や病院の中には、ABCCに被爆者の遺体を提供する——記録や臓器、組織まるごとすべて——という協定を結んでいるところもあったんです。「広島大学原爆放射能医学研究所」も——当時は原医研と言っていました。現在は原爆放射線医科学研究所という名前になっていますが——その一つでした。

その原医研の中に、私と歩調をあわせて研究していた杉原芳夫という若手の病理学者がいました。

今ではあまり知られていませんが、杉原は、いわば組織の内部から、原爆放射能による被害を告発し続け、それを隠蔽《いんぺい》するABCC、そしてABCCと協力する医療機関・研究機関、医学者、医者たちを批判していました。

杉原の活動は、関東にいる私のところまで伝わってきました。私は「ぜひ努力を続けてくれ」と手紙を送りました。

杉原は、原爆被災直後から「ガス弾か」と得体《えたい》の知れない放射性ガスの存在を疑っていた広島逓信《ていしん》病院院長の蜂谷《はちや》道彦《みちひこ》と同じ岡山医科大学の後輩です。原爆投下された後、岡山医科大学の救援隊および調査隊派遣が三回ありましたが、その時にはまだ学生でした。

一九七一年、杉原は、広島地裁での「原爆訴訟」で、原告側証人として「(被爆者の)放射能障害かどうかわからない症状は、すべて放射能に原因していると考えるのが現在では正しい」と証言しています。多くの医者・医学者が放射能の被害、被曝の被害について口をつぐむなかで、大変勇気のいる発言です。

しかし、杉原は、医学部では教授に昇格できず、助教授どまりでした。こういう立派な医学者が冷遇される。これが日本の医学界の現状です。

「実は分かっていない」ということを分かること

すでにお話しましたが、広島の上空で原爆が爆発したとき、私は軍医でした。放射能は目に見えないけれど、その苦しみは、最初からずっとこの目で見てきました。

だけど、二〇一一年三月一一日に福島の原発事故が起きたとき、放射能のことは国民のほとんどは知らない、そういう状態だった。医者だってそうでしょう。被曝患者なんて診たことがないし、聞いたこともなかった。彼らは原発事故が起きたとき医者として何をするべきなのか、何を用意するべきなのか、知らないし、現実の被曝患者を診た覚えがないんです。

アメリカがこう言っている、厚生労働省がこう言っている、たまに何かの拍子に、私のようなものが違うことを言っているのを見つける、ということがあるだけで、現実の被曝患者を診たことがないんです。

自分で見たこともないことは、本当には分からない。

人間そういうものなんですよ。見たことがないものは本当には理解のしようがない。自分が味わっていないんですから。

砂糖をなめたことがない人に、砂糖は甘くて美味しいよといくら言っても分からない。だけど、「分からない」ということを理解する。「分かっているつもりだが、実は分かっていない」ということを分かる。そして、真摯《しんし》に耳を傾ける。そういうことなら、できると思うのです。

国家戦略と企業の論理

核兵器をこの地上からなくすにはどうしたらいいのか。原発をこの世界からなくすにはどうしたらいいのか。

まずは日本という国の枠のなかで考えれば、それは、国、文部科学省の教育を変えなくちゃだめです。幼稚園から、まず原子爆弾というものがあって、ものすごい熱と爆風でたくさんの人が死んだ、それだけではなく、放射能のためにたくさんの病人が出てたくさんの人が死んだんだと真実を子どもたちにも教えなくてはいけない。難しい科学の中身は分からなくてもいいんです。

外を歩いていて、雨が降ってきたとします、歩いていたあなたは傘をさしていなかった。だから濡れた。ところが雨水のなかに放射能という目に見えない悪いものが入っていて、それが原因であなたは病気になってしまう。もしかしたら死んでしまう。そういうことがあるんですよと、そういうことから教えていけばいい。小学校、中学校を卒業するまでに、少しずつ、上手に本当のことを教えていけばいい。

中学校を卒業するころには、あなたは、放射線の危険性というものをいやというほど分かっているかもしれない。少なくとも、放射能はたいへんに危ない、怖いということは分かってもらえているのではないかと思います。

しかしこの国では、その逆さまのことを教えているのです。

「安全です」「大丈夫です」と。

実は、ここでもやはり、アメリカの都合が絡《から》んでいるのです。

日本の国民が、アメリカの核兵器を悪いものだと非難するようになると困る、それはアメリカにとって都合が悪い。アメリカの核兵器は、日本の助け船だと日本の国民に思っていてもらいたいのです。何を言われても「はい、はい」と言えるような日本の国民にしておきたい。とくに内部被曝の危険性については、アメリカは、知られることは困ることだったんです。そうしたアメリカの都合を日本の政府が丸飲みしたのです。

そういうふうに日本の国民の頭から、原爆、放射能を遠ざけるような教育方針を戦後一貫してずっと続けてきたんです。

日本で原発反対運動が盛り上がらなかった原因には、そういう、アメリカの国家戦略が

美浜原発事故5日後も日常は不変、美浜原発の建つ海岸でにぎわう海水浴客
（撮影：樋口健二　撮影日：2004年8月14日）

絡んでいたことがひとつある。

もうひとつは、原子力を使って電気を作って、うんとお金を儲けるために原発を推進するという考えかたの問題。つまり日本の国の政治は、うんとお金を儲ける会社がもっともっと儲ける、一部の企業、一部の人間がさらにお金持ちになっていくための政治をやっているのです。

それが、日本の経済政策の基本的な方針なのです。

「どんなに生活に困っても、国民は我慢しなさい、多国籍企業の儲けの方が大事です。それが国の利益にもなるのです。廻り廻ってあなたのところも潤《うるお》うようになるのですよ」という政治をやっているのです。

そのときいちばん大事な相手は、アメリカだと考えている。

アメリカが日本を大事にしてくれて、取引のさいに便宜を図ってくれる。アメリカの軍隊がいて押さえているところへ日本の商品が安く入っていけるような道も開いてくれる。そのかわり我々もアメリカのために一生懸命やっていかなければならない、という考えです。

その基本方針のなかに、原爆、原発、放射能の問題もぜんぶ組み込まれているのです。

自分たちの命が脅《おびや》かされて、自分たちの子どもたちにも危害が及ぶのに、どうして平気でいられるのか、というと、大きくわけてこのふたつの問題があります。

それに、原発から漏れ出す放射能の危険性の問題は、その地域住民だけの問題じゃないはずですけど、原発立地地域だけの問題であるかのように小さく語られてしまいがちということもあります。

放射能の汚染は、「福島の原発で放射能が漏れ出した。福島が大変なことになった」という次元の問題じゃないんです。日本全体の問題になってくる。食べるものも「食べて大丈夫だろうか？　放射能で汚染されていないだろうか？」と、いつも気をつけていなくちゃいけないから、おいしくない。

しかし、いったん原発が事故を起こしたら、その被害の規模は、想像を絶するほどに大きいのです。

放射能の処理をどうするか。その一点を考えても、原発には問題がある。最初の最初からそうなのです。

しかし、この国は、お金もうけの方が大事だということです。

「知らず知らずのうちに」が怖い

「いくらアメリカの顔色を窺《うかが》うといっても、日本の国民の健康が脅《おびや》かされたり、死んでいったりという危険がはっきりとわかっているのに、少子化だ少子化だとやかましく言っている政府が、その逆さまのことをやるでしょうか？」

そういう反論をときどき受けます。ときどきというか、頻繁に、と言ったほうがより正確かもしれません。

しかし、「これはありえないことだ」と感じることと、本当にそれが「ない」こととは違うのです。

そして、これはくり返しになりますが、この国が長年培《つちか》ってきた文化や教育の問題でもあるのです。そうした下地があって、はじめて「ありえない」ことが日常のなかで「ありえて」しまうということが起きます。

「人間の命よりお金の方が大事だ」という価値観で運営される国のなかで暮らして、人生を「生きるとはそういうものだ」と教えられているから、そういう人が育つんです。

そして、「政府が国民にそんなことをするでしょうか?」というような、この期《ご》に及んで呑気なことを言っている人も育つのです。厳しいことを言うようですが、そう思っています。

「人間の命よりお金の方が大事だ」なんてことを考えているんじゃないかと言うと、そんなことは考えていない、と個人個人は答える。実際そうでしょう。むしろ、そういう疑問を抱いたこともないはずです。あの人たちは、自分の知人が死んだり、お話のなかの、例えば映画の主要人物が死んだりすると、ちゃんと心を動かされます。そういう意味では「人間の命が大事だ」と思っています。

ところが、知らない人、顔も見たことがない人となると、何人死のうが具合が悪くなろうが、感情が動かない。または、感情が動いても何か理由を見つけて、自分自身を納得させてしまうのです。

「これは悲劇かもしれないが、日本の経済を立て直すためには必要な犠牲なのだ」とか、「原発を止めてしまえば停電になる。停電を回避するためには少々の放射能は我慢するべきだ」というように。

自分の内面のこととなると、きっちりと捉えるのは難しい。自分自身によって隠されている自己の価値観に気づけていない人は多いのです。

そして、本人も知らず知らずのうちに、「お金持ちがさらにお金持ちになる」社会のありかたに付き従っていくことになっていくのです。

この「知らず知らずのうちに」が怖いのです。

目に見えないものとのたたかい

私にとってのいわゆる青春時代は、戦争のまっただなかでした。

私たちは否も応もなく軍隊に入れられた。軍隊に入隊すれば、朝から晩まで、天皇のために死ぬことの大事さを説かれ続けます。すると、軍隊組織に批判的な頭を持っている人間でも、納得するんじゃなくて、死んでもしょうがないという気になっていきました。

「お前の言うことは理屈は通っている。しかし、理屈なんか関係ないのだ。この小隊三〇人すべて死ぬことが、天皇がこれからも生きていかれる上で役に立つのだ」

「おまえらはぜんぶ死ぬのだ」

他に理由は何もない。

文字通りに朝から晩まで、

「お前の命は天皇のもの。自分のものと思うな」とやるのです。

天皇のためにお前は死ぬのだ、と二十四時間続けるのです。

いっぽう、身体を酷使する訓練も徹底的に行ないます。走ったり、這いつくばって前進したり、情け容赦なくしごきます。すると兵隊たちは、もう、ものを考える力が残っていなくなるのです。

走れって言われると、ぱっと走る。這えって言われれば、這う。何も考えず、瞬間で動作する。そういうふうに訓練されるのです。

ロボットといっしょなんです。スイッチを入れられると走る、這う。

そういうふうに訓練するんです、兵隊を。人間を。私もやられましたから、よく知っているのです。そうした訓練を受けることで、人間がどうなっていくのかも含めて、知っているのです。

一人の人間を、訓練して、人を殺す機械に変える。そのかわりに、天皇のために死ぬ名誉を教えるわけです。

そうした兵隊時代から、私は、目に見えないものと戦ってきた部分がある気がします。内部被曝の問題もそうです。目に見えない。

原爆の被害は戦争のなかで実際に起こったことです。なんとか生き残った人も、放射能のために、三〇年後も五〇年後も被爆者が死んでいく。すべて事実です、一人ひとりの人間が死んでいったのです。何の何べエが何年何月何日に体がこういうふうになって、こういうふうに死んでいった。しかし、医学的にはまったく証明もできないし、どういう理由かは分かっていない。

最近、私が思っているのは、原爆や被曝による障害、戦争を体験していない人に、どうやってそれを実感でわかってもらうかということなんです。事実をそのまま上手な文章で書いて、うまくしゃべって、もともと見えないものを説明をする、これは、どれだけ上手にやっても、どうしても残ってしまうものがある。伝えきれないものが残る。だからもし、いま書くんだったら、小説の形で書くのがよいのかもしれません。どうしても残ってしまうものに挑戦するなら。

例えば、原発で事故が起きて、付近の赤ん坊に下痢が始まって、軽い症状だけど母親が心配している、その子どもが大きくなって発病して死んでいくのを、広島、長崎の経験のなかから似たようなケースを引っ張りだして、放射能で病気になる事実と、それを診た医者が「分からん、分からん」と言いながら苦しむ。そういう物語を構築して書いたほうが、伝わるのかもしれない。

それしかないのかも、と、私はいま思っています。

原爆のことも、チェルノブイリのことも、そして福島原発事故も。

韓国へ行く

二〇一三年の三月に、私は韓国へ行ってきました。ソウル大学での保険医療フォーラムで私の被爆体験の講演を聞いてもらうことと、もう一つ大切な目的がありました。

在韓被爆者の方たちと交流するためです。

以前、来日した在韓被爆者を診察したこともあり、いつかは韓国に行きたいとずっと思っていました。

みなさんの中には、原爆にやられたのは〝日本人〟だけ、と思っている方もいるかもしれません。

しかし、原爆が投下された時、広島、長崎には外国の人たちがいました。当時、むりやり朝鮮などの植民地から人々を日本に連れてきたりしていたんです。

日本にいる、とくに在日韓国・朝鮮の被爆者などは、もともとある差別と、さらには被爆者に対する差別、二重の苦難がありました。こういった人たちは酷い差別を受け続けたし、今でもやっぱり差別は残っています。

日本の政府は、日米安保条約を結んで、「アメリカの核の傘に守ってもらう」ということを選びました。

なので、日本の政府は、日米安保に都合の悪いこと――放射能の危険性や日本の軍隊が何をしたかということなど――を国民に知ってもらいたくないのです。放射能の危険性がわかればアメリカの核兵器に批判が起きるし、日本の軍隊が何をしたかを知れば自衛隊や日米の軍事同盟的な関係をなくそうという声が大きくなってしまいますから。

そして、日本のやった侵略については、うやむやにしてきちんと謝罪しない、ということになってしまいました。日本の政治家の発言を聞いてみてご覧なさい。日本のやったことが侵略戦争だったと、きちんと言っている政治家が何人いますか？

こういった、戦後の日本の態度もあって、韓国などでは「原爆のおかげで日本の抑圧から解放された」と考える人もいるのです。これは、両国の市民にとって、不幸なことだと思います。

戦争が終わって、元にいた自分の国に戻った被爆者たちは、そう言う意味でも日本の被爆者とはまた異なる大変な苦しみの中で暮らしてきたんです。

こういったことを韓国の人にも知ってもらいたいし、日本の人にも知ってもらいたいのです。

なぜ核兵器がだめなのか・なぜ原発がだめなのか

二〇一一年三月一一日に福島で原発事故が起きたとき、私は、せめて乳幼児だけでも、

福島第一原発事故後、放射線検査を受ける少女
（撮影：広河隆一　撮影日：2011年3月28日）

福島県から避難させたほうがいいと思っていました。

小学生と中学生、乳幼児は、国が責任を持って、福島第一原発からでている放射能が止まるまでは、強制疎開する。これが正しい処置だと。

そのことを、私は政府のいろんな関係者に進言もしました。いろんな政党にも進言しています。どこも相手にしてくれませんでしたが。

私が子どもの強制避難について意見を言うと、

「福島の復興の足を引っ張る」

「応援をすべきときに、強制避難など口にすべきではない」と言う。

一方、個人でも、子どもたちの避難のために行動している人たちもいます。日本各地には、例えば、廃校になって空いている小学校がいっぱいあるんです。そういうところを利用して、国が責任を持って子どもを強制疎開させる。国がもしお金を出したらその日から疎開は可能だったはずです。

そうすれば少なくとも、たくさんの子どもが発病するリスクを減らせたわけですから。

これはもう、ぜひやるべきだと私は進言しました。

まずは、人の命を守らなければなりません。

その次に、原発をなくす、核兵器をなくすために行動することが大切だと思っています。

「核兵器や原発をなくすためには、具体的には何をしたら良いのですか」という質問をときどき受けます。

原発をなくすために、核兵器をなくすために、なにをやっていけばいいか。強力な大企業、日本政府、海の向こうのアメリカという相手に、何をどうすればいいのか。

まずは一人でも勇気をもって声を上げること、それはもう言いました。

あと、個人的に感じてるのは、例えば、いまも核兵器反対の署名活動をやっているでしょう？　その署名の質を変えることが大事ではないかと思っています。

あなたが街頭に立って、核兵器反対の署名運動をしているとします。するとあなたの前にある方がやってきてこう言います。

「核兵器を使うことは私も反対です。しかしアメリカが（中国がフランスがインドが）核兵器を持っている、その抑止力で、現にこの七〇年間、核戦争は防げたのではないですか？ つまり核兵器は、持っているぶんには、平和の世のなかに役に立っているのではないですか？　そう思うので、私は核兵器をなくすという意見には賛成することはできません。使うことには反対です」

こう言う人はいっぱいいます。そのときあなたはどう答えるでしょう。

今までの運動は、こういう人たちを説得できないところがある。

「核兵器の使用には反対であるのと同時に核兵器の存続には賛成。なくすなんて、もってのほか」という声。

原発もそうです。「原発から放射能が漏れるのは反対。電気が必要だから、原発の継続には賛成」という意見。

「原子力の半分は良いことだ。だから半分は賛成」という人々……。

「核兵器を〝廃絶しろ〟というのではなくて、〝使うな〟というのならすぐ賛成する」「原

発を〝なくせ〟というのは反対、放射能が〝漏れないようにしろ〟というのならすぐに賛成する」そういう人たちに対して、

「あなたの考えは間違っている」と即座にひとことで言える人が何人いるのか。

あなたは即座に言えますか？

核兵器廃絶運動をしている人たちでさえ、それを即座に言える人が何人いるのか。

原水爆反対運動の組織の、幹部中の幹部に
「あなた、そのとき何と返答するのか」

と聞いたら、もごもごもごもご言っている。

それで結局、

「世界情勢を変えて、会議のなかでこうやって、ああやって」

そんな返答が返ってきます。

署名活動のさなかに、あなた、そんなもごもごしたわかりにくい話を一〇分もかけてするのかと、私は苛立ちながら言います。

どうして分かってもらえないのか。

「核を持っていることで人が死ぬんだよ」

定期検査中の原発のドライウェル（炉心部）入口と被曝する下請け労働者
（撮影：樋口健二　撮影日：1977年7月14日）

どうしてそれが言えないのか。核を持っているだけで、人が死ぬのです。

こっちが核兵器を持っていたら、相手も核兵器を持つ。相手が多く持っていたら、こっちも新しく造る。毎年新しく造る。造るためにウランを掘ってくる。掘ってきたら工場へ持っていって製錬する。すると、どうなります？

「被曝した労働者が癌などで死ぬ」のです。

労働者だけではありません。ウランを加工する工場の周囲に住んでいる住民の赤ん坊は、原因もわからず、小児癌になって死んでいく。死亡診断書の病名は放射線病とは書いていない。だけど、診断書がどうだろうが、人が死ぬんです。

そして、原子力発電所は、事故がなくても、通常運転時に許容量《きょようりょう》と名前をつけて放射性物質を出しているんです。

結局、最初の最初、ウランを掘るところから被曝しているんです。

電気が足りようが足りなかろうが、ウランを掘るその時点で、人が死ぬのです。原発を動かしたら、事故があろうがなかろうが、関わっている労働者が、周辺の住民が被曝して病気になるのです。

なぜ核兵器がだめなのか。なぜ原発がだめなのか。

「持っていることで人が死ぬんだよ」

「動かしていることで人が死ぬんだよ」

それだけの話じゃないか。相手にそれだけ話せば済むんです。それだけのことを。簡単なことでしょう?

勉強すればいいのです。

人が死ぬからだめなんだと、そう言えばいいのです。

そういう人道的な意識がないままで、核兵器をなくそうと言っているから、壁にぶつかって空回りして、いつまでたっても同じ袋小路からでられないのです。

ウランを掘りだした時点で、原子力はだめなのです。

そこのところをいちから考え直してやっていく必要があると、その点を私は切実に思っています。

私の話を聞いて、被曝のことを聞いていただいて、それなりにでもわかってもらう。九六歳になってもまだ役に立っていることは嬉しいことです。

【解説】「放射線安全ムラ」とのたたかいを続けた貴重な証言者

被ばくの歴史研究者　堀田《ほった》　伸永《のぶなが》

被ばくの歴史の「学び」なくして未来はひらけない

肥田舜太郎氏は、広島原爆の被爆者の診療に軍医としてあたって以来、今日まで世界各地の放射線被害を見続け、被ばくを広島・長崎への原爆投下を起点として、歴史的にとらえていくことの大切さを訴えてきた貴重な証言者です。

肥田氏の初めての単著は一九八二年の「広島の消えた日　被爆軍医の証言」。肥田氏はこの本の「あとがき」で「最後を原爆でしめくくられた広島陸軍病院での軍隊生活はいろんな意味で私のその後の人生を方向づけたといっても過言ではありません」と書いています。続けて、「病人のための医師としてけん命に、真剣に生きぬいてきた私に、もし、一貫して貫いているものがあるとしたら、私はその糸口をあの地獄の火の中で教えられたと信じています」と原爆の地獄のなかでの診療活動が医師としての「原点」であると語っています。

「広島の消えた日」が出版された一九八二年は、肥田氏が六五歳の年で、一月には文学賞受賞作家を含む二八七人の日本の文学者が賛同した「核戦争の危機を訴える文学者の声明」が発表され、同月、一〇フィート運動の原爆記録映画の第一作「にんげんをかえせ」が完成。そして三月二一日には、「八二年・平和のためのヒロシマ行動」が広島市の平和記念公園を中心に開催され、主催者発表で約一九万四〇〇〇人が参加。それから三〇年が過ぎた二〇一二年七月二九日、東電福島第一原発事故後の原発稼働に反対する「脱原発国会大包囲」が行われ、キャンドルやプラカードを手にした参加者らが国会議事堂を取り囲みました。

「広島の消えた日」出版、歴史的な反核集会の開催から三〇年後の二〇一二年頃から肥田氏は内部被曝問題について語る講演の演者としてひっぱりだこになり、著作の出版が相次いでいます。各地の講演会が何れも盛会となってきた肥田氏の本を出版した版元は幻冬舎、扶桑社などの大手にも及んでいますが、その中をかいくぐって地方出版の心意気を見せているのが溝江玲子さんが代表を務める奈良の遊絲社です。

遊絲社は、二〇一二年一月に原発事故後の市民・読者の関心に応える出版の第一弾として、「小出裕章　原発と憲法九条」を出版しました。この本は小出氏の本の出版ラッシュの時期にもかなりユニークな孤高の存在で、憲法を多数派の与党だけで自由に変え、アメリカによる日本国内への核兵器持ち込みの公然化や日本の核武装を強行しようとする流れが強まっている現在の状況を先取りするものとなっています。

本書からは、東電福島第一原発事故による放射能汚染の状況を広島・長崎への原爆投下以来の歴史を踏まえて見ていこうという肥田氏のメッセージが読み取れます。わたしたちがこれからずっと、原子力・核兵器産業と核軍事力を維持するための「国際原子力ムラ」との闘いとともに、これに連なる放射線影響調査・評価カルテル――いわば「国際放射線安全ムラ」が流す情報とのたたかいに取り組まなければならないことを肥田氏は教えてくれています。

広島・長崎の原爆の後、日本と世界の人びとは、その恐るべき放射線の人体への深刻な影響、特に放射性降下物、残留放射能の被害について、真実を知らされてきませんでした。原子力・核兵器産業と核軍事力を維持・推進しようとする国家と国際的な巨大企業の陣営は、放射能の影響、とりわけ放射能が身体に入り込んで体内から全身の細胞に放射線を照射し続ける「内部被曝」の問題を隠したり、過小評価したり、専門家が研究に取り組むことを妨害したりし続けてきたのです。その際、医師・医学者に「生物学者」に加えて、新しい分野である「放射線影響学」、「放射線医学」の自称専門家を加えて、医師の資格もなく放射線の被害の実態もよく知らない人びとも多数加わって広大な「国際放射線ムラ」のネットワークを形成しました。この形成のカラクリを市民が見破らないように、「国際放射線ムラ」の各組織は、お互いに密接な繋がりを持ち、煙幕をめぐらして市民が真実を見ることを妨害してきました。

「国際放射線ムラ」の最大のスポンサーが、原子力・核兵器産業と核軍事力を維持・推進しようとする国家と巨大企業であることは疑いようもない事実です。その資金力も情報操作の仕掛けも強大ですが、これに抵抗する学者、市民による「被ばくの歴史」の「学び」の運動が広がり、真実を歴史的にとらえる力のある市民・学者が増えれば、被曝影響を過小評価しようとする動きを封じていく大きな力になることでしょう。「国際放射線安全ムラ」を包囲する市民のネットワークが拡大し、より被曝のリスクを厳しく評価する流れが強くなれば、ムラから良心的な専門家が離脱する動きも広がっていくはずです。

「放射線安全ムラ」の拠点ともいわれてきた長崎大学に籍を置きながら、七條和子助教が被爆者の体内に入ったプルトニウムの微粒子が放射線を周囲の細胞に照射し続ける様子の撮影に成功し、内部被曝の解明に画期的な根拠をもたらした例もあります。

専門家の研究を市民の目でチェックし、有意義なものは大いに評価し激励していくことが大切です。市民が専門家の研究に関わる時、大切なことは、研究成果の歴史をよく知っておくことです。放射線被ばくの歴史、放射線影響調査の歴史をよく勉強しておくことです。

歴史的に見れば、必ずその裏側にある真実がわかってくることがあります。例えば、肥田氏が本書で語っている原爆乙女の渡米治療も、裏側にはアメリカによる巧妙な誘導工作がありました。原爆による放射線の被害から目をそらす目的でケロイドなど容貌上の被害を受け精神的なダメージを受けた「原爆乙女」を巧みに利用しようとした形跡が見られます。

原爆乙女の渡米治療がもたらしたこと

原爆乙女とは、広島・長崎の原爆の熱線で顔や肌に大きな外傷を負った若い女性たちのことです。原爆の悲惨な後遺障害の実態が明らかになるのは、一九四九年一一月、川端康成・日本ペンクラブ会長と豊島与志雄《とよしまよしお》・青野季吉《あおのすえきち》らの作家たちの広島訪問以降でした。一九五〇年四月、川端は、他のペンクラブ会員とともに、広島・長崎の原爆被災地を視察します。四月一四日と一五日は広島で過ごしました。四月一五日、広島市で日本ペンクラブが主催した「広島の会」が開催され、川端会長らペンクラブ会員約八〇人が参加しました。川端氏ほか石川達三、真杉静江、阿部知二、原民喜氏ら一八人が「世界平和擁護のためペンマンとして努力する」との平和宣言を発表。長崎市では、林芙美子が合流しました。四月一七日の日付のある長崎市内での川端康成と林芙美子の写真があります。

一九五二年四月二八日にいわゆる「単独講和」条約が発効。講和後はプレスコード（SCAPIN33 最高司令官指令第三三号「日本に与うる新聞遵則」一九四五年九月二一日付）が同時に失効し、自主規制を除いては、原爆報道も原爆に関する描写も比較的自由なかたちでできるようになりました。これを受けて、作家たちの被爆地訪問が盛んになります。

同年五月二〇日には、真杉静江、中野好夫らが広島市を訪れ原爆乙女らに会っています。原爆乙女として、女性たちを全国・全世界に「デビュー」させようとしていたのは、広島の流川教会の谷本清牧師でした。戦前にアメリカ留学の経験もあった谷本牧師は、アメリカ政府とアメリカの市民の意識にはズレがあり、政府に反対してでも、自らの思いを貫く人々が存在することを知っていました。そのため、アメリカ市民と結びついて、被爆女性や原爆孤児の支援活動を盛り上げる自信があったようです。谷本牧師は、被爆女性たちが教会に集まるように働きかけました。被爆時に十代だった少女たちも、一九五〇年代にはすでに二〇歳前後になって洋裁で自活の道を目指すようになっていました。彼女たちは、「原爆障害者更生会」という集まりをつくり、自立を目指しました。この様子は、児童文学作家の山口勇子がいくつかの一般向けの短編小説に書いています。

同年六月、作家真杉静江、芹沢《せりざわ》光治良《こうじろう》らの招きで、谷本牧師のもとに集まっていた原爆乙女九人と「原爆1号」として背中の熱傷の痕を見せてお金を稼いでいた吉川清らが上京します。原爆乙女たちは、東大付属病院小石川分院外科で診察を受けました。

同年九月三日には、アメリカのニューヨークにできたヒロシマ・ピース・センターの東京の組織「東京協力会」が取り組んでいた二〇〇〇万円を目標にした原爆障害者の治療と更生のための募金運動に俳優の高峰秀子、高峰三枝子、田中絹代、三船敏郎、長谷川一夫らが応じるなど広がりを見せていました。一二月には、原爆乙女一二人が大阪・阪大病院、大阪市立大付属病院などでも治療をすることになります。これを受けて、現在の広島大学医学部の前身である広島県立医大が原爆乙女だけでなく一般原爆症患者も無料入院を引き受けるとの決定を行い、被爆者医療をみんなで支えようという機運が高まりました。翌年の一九五三年一月には治療のため列車で上京する長崎の原爆乙女三人を、広島の原爆乙女七人と谷本牧師が広島駅で迎え激励するという、広島・長崎の被爆都市の被爆女性の連帯も生まれます。谷本牧師はあらゆる機会を活用して、被爆女性の活動をマスコミに報道させました。

やがて、この運動は、原爆被害者のアメリカへの不満を緩和し、反米意識を沈静化させ、宥和させようという狙いをもつ人たちに利用されることになりました。運動が高まった一九五二年一一月には、日米国民の和解をすすめようとしていた日系米国人の著名人マイク・マサオカ氏が出身地である広島を訪れ、その際に、原爆乙女らの救援を約束しました。

一九五二年一二月には、米国整形外科学会からABCCのグラント・テーラー所長を通じ広島県医師会に、広島・長崎に原爆症治療班を一年の予定で送り込んでくることについて打診がありました。真杉静江ら東京の作家グループがパール・バック女史の仲介を得て、ルーズベルト大統領の未亡人に働き掛けた結果だとはいえ、ABCCを通じたものであり、日本の大学や医療機関での治療に対抗する意味もこめた動きと思われます。

一九五三年四月には、ラブティン・ペンシルベニア大教授ら原爆被害者の治療班派遣のための調査医二人がアメリカから広島にやってきました。

背景には、原爆を投下した加害国・アメリカへの日本国民の反米意識の緩和の意図もあったと思われます。一九五三年一月には、大阪弁護士会の岡本尚一弁護士が「原爆投下は国際法上の違反行為だから、損害賠償の請求が可能」と原爆損害賠償請求を広島、長崎の弁護士六四人に提案する書簡を送りました。

一九五三年は、長崎でも原爆障害者の無料診療を始まり、広島、長崎両市の原対協が協力して、原爆障害者治療費をＮＨＫたすけあい運動など全国的募金で集めることを決定し、八月にはＮＨＫが中央共同募金会と協力し「原爆障害者に救いの手を　たすけあい旬間」を開始し、有馬稲子、森雅之らが参加して、原爆乙女の治療費のための「映画スターブロマイド・サイン募金」を銀座松屋で開催。原爆乙女を描いたラジオドラマ「この花を見よ」がＮＨＫで放送されるという展開になりました。

一九五四年の第五福龍丸事件後は日本国内と全世界で原水爆禁止の声が高まり、原爆乙女も被爆者の運動や核兵器廃絶の運動に参加していきました。翌一九五五年一月、シドニー・イエーツ米下院議員が、広島に原子力発電所を日米政府の協力で建設するよう、下院に法案を提出。これに一九五二年に原爆乙女の支援への協力を約束していた日系米人であるマイク・マサオカが賛同します。

こうして、日本での原子力の平和利用の機運を高めようとするアメリカの対日工作が展開されていきます。原爆乙女の渡米治療もそうした米国主導の原子力推進体制づくりと反米意識の緩和、アメリカ流の被爆者医療への隷属に利用されていきます。

一九五五年という年は、原水爆禁止運動や被爆者支援に向けての運動が大きく発展する一方、日本での原子力発電所の建設や放射性同位元素（ラジオアイソトープ）の利用に向けて法整備が行われる等、慌ただしい年でした。前年の第五福龍丸事件では、日米の医師の間に見解の相違が生じ、一部には対立する場面もありました。

東大病院小石川分院（一九五二年六月一〇日に九人、同年七月一四日に九人入院）、阪大病院（一九五三年一月一七日、四人整形手術）、大阪市立医大病院（一九五三年五月一一日、二人入院、手術）と、次々と日本で原爆乙女のケロイドの治療を試みたものの、うまく治らなかったというのも事実でした。原爆によるケロイドの手術は難しく、一端手術で盛り上がりを除去しても、肥厚性瘢痕が新たに盛り上がり、温度の変化による特有のかゆみを訴える等、苦痛が継続することが報告されていました。一方、広島赤十字病院では、原爆による白内障の同院としての二回目の手術が一九五五年五月の時点で成功する等、日本の医療陣も、徐々に経験を積んでいるところでした。一九五五年三月二八日、堀内謙介前駐米大使から浜井広島市長に評論家のノーマン・カズンズ（Ｎｏｒｍａｎ Ｃｏｕｓｉｎｓ）と米の外科医二人が、四月一〇日来日して渡米治療のための原爆乙女の人選に当たることを連絡してきました。それは、三月二四日、米政府原子力委員会のボアー生物医学部長が第五福龍丸の久保山愛吉氏の死因について「放射能障害」は無関係の「肝臓障害」との発表をしてから四日目のことでした。

三月二八日、堀内謙介前駐米大使から浜井広島市長に渡米治療のための原爆乙女の人選の連絡が入りました。堀内は、フランク・ブックマン博士が一九三八年以来提唱する「軍備の再武装ではなく道義と精神の再武装を（Moral and Spiritual Re-Armament）」と呼びかける道徳的再武装（MRA）活動に参加していました。堀内は、一九四八年六月二日にロサンゼルスMRA世界大会に参加。スイスのMRA世界会議場を訪問しています。この運動は、いわば、かつて戦った国の政府と国民の「和解」「友好」をすすめるという融和運動であり、主にはアメリカによるドレスデン空襲や東京大空襲をはじめとする無差別市街地空襲、広島・長崎の原爆について、経済的な賠償や国際政治、二国間の外交の場で謝罪等を求めないという流れをつくり、軍事・経済・文化の同盟関係を強めるための「布石」としての運動でした。

この運動は、なぜか、広島にも関わってきます。一九四九年には、広島市議会が六月四日からスイスで開かれるMRA運動国際会議に出席する賀川豊彦に原爆当時の写真一二枚を託すことを決定します。一九四九年の一〇月には、世界連邦日本国会委員会の事務総長や広島市長も歴任する日本社会党の広島県選出の山田節男参院議員がMRA大会に参加しています。朝鮮戦争の前夜ともいうべき一九五〇年六月一二日には、スイスで開かれるMRA運動世界大会（一六〜二五日）出席のため楠瀬常猪広島県知事、浜井信三広島市長、川本精一市議会議長の一行が羽田を出発します。この一行の中には、同じ被爆地である長崎の大橋博市長、後に日本の原子力発電所建設への道筋をつくる中曽根康弘氏ら国会議員七名、原子炉の開発に参加する東芝の社長や、原子力の平和利用に同調していく東芝労組や石川島播磨重工労組の委員長ら労働組合代表など七二名が参加していました。一行が帰国すると朝鮮戦争が勃発しており、広島市や近隣の呉市周辺の米軍弾薬庫や英連邦軍の施設、進駐軍に接収されていた旧・呉海軍病院が慌ただしくなってきます。市民のなかからは反戦運動がわき起こり、広島市内では、あらゆる集会が禁止されたなかで、八月六日の原爆記念日に平和集会が福屋デパート前で実施され、福屋の屋上から反戦・平和のビラがまかれました。詩人の峠三吉の詩にもその様子が描かれています。

この日、浜井広島市長は渡米中で、ロサンゼルスでMRA主催の「広島の夕」に出席し、「第二の広島を防ぐ道は戦争そのものを防止する以外にない」と訴えていました。

一九五五年四月一日、東京の丸の内の日本工業倶楽部会館での原爆乙女と米治療計画の打ち合わせ会合にも、葛西嘉資日赤副社長、小松隆日米協会長、橋本寛敏聖路加病院長、松本滝蔵内閣官房副長官らとともに、堀内が出席して取りまとめ役を果たしています。

四月一〇日、いよいよ原爆乙女渡米プロジェクトのノーマン・カズンズとニューヨークのマウント・サイナイ病院の精神科医アーサー・バースキー、同内科医ウィリアム・ヒッチグ両博士らが来日し、四月一一日には広島市入りし、一二日、広島原爆障害対策協議会が広島市民病院で原爆乙女の渡米治療希望者の選考会を兼ねた原爆障害者合同診察会を行い、三七人がバースキー博士らの診察を受けています。ABCCにいた、ロバート・W・ミラーの「ABCC放影研の想い出、一九五三〜一九九〇年…第二部」（放射線影響研究所公式サイト内）によれば、病院での治療後にクェーカー信者の家にホームステイする時の通訳や橋渡し役となる人物をカズンズが探していたということです。カズンズは、コーディネーターにふさわしい人物のスカウトをABCC

訪問中に果たしました。ヘレンという愛称もあったＡＢＣＣの臨床部のアメリカ生まれの日本人スタッフ、横山初子をカズンズは、見いだしたといいます、初子は、アメリカ滞在中にアメリカの大学で心理学士の課程を修了した人物で、英語、日本語ともに十分に話せる状況にあったようです。原爆乙女の渡米治療の主な目的は、実は、いわゆる顔の外傷の形成手術ではなく、心理的ケアであったため、心理学を勉強した初子は適役でもありました。

一九五五年四月一五日から一八日にかけて治療のために渡米する原爆乙女二五人が決定。日本国内では、四月二八日、日本学術会議総会で濃縮ウランの輸入問題について討論をすすめ、輸入慎重派の決議案を否決するなど、濃縮ウラン輸入慎重派と推進派とのつばぜり合いが苛烈になっていました。同日、原爆乙女の渡米治療の打ち合わせ会合をした東京の丸の内の日本工業倶楽部会館で財界人らが集まり、原子炉を日本に建設し、ウラン等を活用するための原子力平和利用懇談会が発足しました。首都圏在住の広島・長崎の被爆者らが「原爆被災者の会」を設立する等、一九五五年四月は、慌ただしく過ぎていきました。ちょうど広島市内では、原水爆禁止世界大会の準備世話人会の会合の開催に向けた準備がすすめられていました。

一九五五年五月五日、ついに原爆乙女二五人の乗せた米軍機が岩国空港からアメリカに飛び立ちました。ちなみに米軍機は、焼津から東京へ第五福龍丸の乗組員が治療のために移動する際も使われています。

原爆乙女たちが治療を受けるニューヨーク市のマウント・サイナイ病院には、当時、ハロルド・

アレクサンダー・アブラムソンという医師がいました。このアブラムソン医師は、一九五三年より、CIAから八万五千ドルの支援を受けて、入院患者に対してLSDという幻覚剤を使ってその影響研究を行なっていた人物でした。アレルギー治療薬と小児科を専門とするアブラムソン医師は、一九四一年にマウント・サイナイ病院の医療スタッフとなり、一九五九年まで同病院に勤務しました。CIAは、石油で財産を得て設立されたジョサイア・メイシー財団をトンネルにして資金を提供していたのです。ジョサイア・メイシー財団は、CIA等が特殊研究の資金を提供するためのトンネル財団だったのです。ジョサイア・メイシー財団とCIA科学技術本部が極秘のうちに実施していた洗脳実験「MKウルトラ計画」の関係は明確なもので、アブラムソンの名前は、「MKウルトラ計画」を調べると必ずでてきます。アブラムソン医師は、フォートデトリックの政府最重要機密施設である生物兵器研究所で特殊作戦の責任者だった生化学者フランク・オルソンの主治医でもありました。一九五三年一一月、オルソンは、ニューヨークのホテルの一三階から飛び降りて自殺したことになっていましたが、その後、遺体を発掘しての法医学チームによる再調査によって、「他殺の可能性が強い」とする調査結果が発表されています。『死の内の生命…ヒロシマの生存者』の著作で有名なロバート・J・リフトンも実はジョサイア・メイシー財団の「サイバネティックス・グループ」の一員で、アブラムソンらと共同研究を行っていたのです。

日本の被爆者運動や原水爆禁止運動から原爆乙女を隔離するかのように、原爆乙女二五人らを乗せた米空軍機が岩国基地を飛び立った後、広島では原水爆禁止世界大会や被爆者運動が大きく進展することになりました。

一九五五年五月九日、原爆乙女らは、ニューヨーク近郊のミッチェル空軍基地に到着。一一日、テレビ、ラジオは特別番組を編成。NBCテレビでハリウッドで全国中継された人気番組「人生物語」のメインゲストに谷本清牧師が招かれ、広島への原爆投下機「エノラ・ゲイ」の副操縦士のロバート・ルイスも出演しました。

乙女たちの治療が七割程度完了し、帰国間近と報じられるなかで、一九五六年三月二四日、渡米治療中の原爆乙女に家族の声を送るため、原対協が、米国の諜報機関の関連施設であるアメリカ文化センターで家族約三〇人の声を録音。四月二〇日渡米した広島県立病院元院長の黒川巌ABCC顧問に託しています。

こんなことからもアメリカの諜報機関とABCCの関与がうかがわれます。

ところが、原爆乙女たちを原水爆禁止運動から引き離そうとするアメリカ側の意図に反して、原爆乙女の会の「シオンの会」は、一九五六年一月二二日、原水爆禁止広島協議会、広島原爆被害者の会等の諸団体とともに、「三月に広島県内被爆者大会を開く」ことを目指して、原爆被害者連絡協議会世話人会を開催しました。

渡米治療中の原爆乙女の帰国は予定の三月になっても実現せず、引き延ばされていました。一九五六年四月三日、ノーマン・カズンズからの渡辺忠雄広島市長宛の手紙には「治療中の原爆乙女のうち3人は看護法などの研究のためアメリカに残る」と、当初の予定になかった内容が書かれてありました。

渡米治療が始まった後、予定になかった原爆乙女への精神治療が一九五五年七月に米側から提起され、日米医師間に賛否両論があったことが報じられています。

一九五六年五月二四日、治療中だった中林智子さんが整形外科手術中に心臓まひで亡くなるという最悪の医療事故が起こります。こうしたなか、原爆乙女の渡米「治療」は、初の原水爆禁止世界大会の間ずっと続けられ、アメリカ主導の「原子力平和利用博覧会」が広島の原爆資料館で原爆資料を撤去して行われることが確実になるまでひきのばされたのです。

中林智子さんの死去から数日たった一九五六年五月二七日から広島原爆資料館で、「原子力平和利用博覧会」が開幕しました。

原爆乙女の帰還は、一九五六年六月一七日。この日は、奇しくも広島での「原子力平和利用博覧会」の最終日でした。帰国したのは、二五人のうち第一陣の九人と中林智子さんの遺骨だけ。乙女たちは、羽田からまた米軍機で岩国基地を経て、広島市に帰還しました。

一九五六年六月二六日、原爆乙女の会「シオン会」が、原爆ドキュメント映画「生きていてよかった」(亀井文夫監督)のフィルムをアメリカから共産主義シンパとして追放された映画監督で喜劇役者のチャップリンに贈ることを決定し、募金を開始します。この動きは、アメリカの反発を買ったかもしれません。

七月七日、原発の建設の先頭にたってきた正力松太郎科学技術庁長官が広島市を訪れ、原爆乙女三人に会い、要望を聞いています。その日のうちに、正力は、原子力問題について記者会見を行い、「広島、長崎に落ちた原爆のエネルギーも、平和利用に転換すれば台所の火も同じ」などと語っています。原爆乙女が米国側に厚遇されたのは、原子力の平和利用について、ある種の利用価値を認めたからかもしれません。「原子力平和利用博覧会」には長崎の原爆乙女が訪れて、平和利用の宣伝に一役買っています。

米側は核の被害者の関係者に等しく温かい環境を提供していたわけではありませんでした。たとえば、第五福龍丸の故久保山愛吉氏の夫人すずさんを、一九五六年の国連総会に派遣することを母親大会が決定しましたが、渡航許可がでなかったこともその一例です。

原爆乙女たちも、アメリカに感謝した人ばかりだったというわけではありません。一九五八年六月一八日、マーシャル諸島民一六人と広島の被爆者ら三人の日本人を含む二〇人がワシントンの連邦地裁に核実験即時中止と全面禁止を提訴した時、原爆乙女の佐古美智子さんは、原告に加わっています。

原爆乙女への救援活動は、日本の作家たちの発案で始まり、途中でアメリカが介入。短期治療の予定が精神治療や職業訓練まで追加されて、日本の被爆者のアメリカ人化が目論まれたのでした。一部の原爆乙女の治療だけで被爆者のアメリカへの反発を緩和しようとするＡＢＣＣ等も含めた共同作戦だったといえるでしょう。

「広島に原子炉を」計画と「広島原子力平和利用博覧会」

原爆乙女の渡米治療とならんでアメリカの対日工作と考えられているのが、「原子力平和利用博覧会」です。「原子力平和利用博覧会」は、東京など各地で開催されましたが、広島でも、一九五六年五月二六日から六月一七日まで、「広島原子力平和利用博覧会」として開催されました。

実は、これより前の一九五〇年一〇月五日から一一月三〇日まで広島市民広場で行われた「広島子供博覧会」でも「原子力の平和のための利用展示」を目的とする「原子科学館」が設けられていたのでした。

この動きには前段がありました。一九五四年九月、アメリカ原子力委員会のトーマス・エドワード・マレー・ジュニア委員によって広島で原子力発電所をつくる計画が提案されたのです。続いて、一九五五年一月二七日、シドニー・イエーツ議員が六万キロワットを発電する原子炉を広島に建設することを下院に提案。費用は、二二五〇万ドル。かなり具体的な計画でした。同年二月四日、対日戦争で米国政府に全面協力した著名な日系アメリカ人マイク・マサオカが、広島での原子力発電所建設計画推進の立場から当時の浜井広島市長に書簡を送りました。やがて、こうしたアメリカからの働きかけに対して、広島市民の中から疑問の声が上がり始めます。核兵器廃絶運動の先駆けとしてその動向が注目されていた原水爆禁止広島協議会は、この問題を常任理事会で協議し、「原子炉は、原爆製造用に転化される懸念がある」こと、「原子炉から生ずる放射性物質の人体に与える影響・治療面の完全な実験が行なわれていないため重大な懸念がある」こと、「(平和利用でも) 原子力発電所の運営に関してアメリカの制約を受けることになる」こと、「もし戦争が起こった場合には広島が最初の目標になることも予想される」ことなどの懸念を表明した声明文を発表したのです。声明文では、未だ被爆者の原爆症の治療についての国としての支援が実現していない状況で、「(加害国であるアメリカが) 原爆を落とした罪の償いとして広島に原子力発電所を設置する」ことの矛盾点を鋭く指摘していました。

この問題は国会でも取り上げられ、四月二八日の衆議院本会議で日本社会党の成田知巳議員の質問に答えて、重光葵外務大臣は、「広島に原子炉を作る提唱がアメリカの議会の一部分にあることは知っているが、いまだ政府にはそのような提案は正式に来ていない」と答弁しています。

一九五五年二月には、平和記念資料館（原爆資料館）に原子力平和利用関係資料が集まるなかで、長岡省吾初代資料館長が、資料館が世界的な平和原子力博物館に発展していく機運を歓迎すると発言したとの報道もありました。一九五六年五月二六日には、広島原子力平和利用博覧会の開会式が同資料館で開催されました。広島原子力平和利用博覧会は、広島県、広島市、広島大、広島アメリカ文化センター、中国新聞社の主催で五月二七日から六月一七日までの二二日間で計約一〇万九五〇〇人が入場しました。同様の原子力平和利用博覧会は、国内各地で行われ、東京、名古屋、京都、大阪の会場であわせて一〇〇万人近い入場者があったとされています。原爆の惨禍を内外の人々に訴えるための原爆資料が撤去され、その代わりに、原子力発電、原子力船等の原子力平和利用関係資料が展示されたことには重大なアメリカ側の意図がありました。

原爆資料を撤去させ、過去の悲惨を忘れさせ、平和記念資料館を「原子力平和利用博物館」に作り替えてしまうたくらみの先頭にたったのは、広島のアメリカ文化センター館長ファズル・フォトイでした。フォトイは、イラン生まれで、広島では四年間活動しました。第二次世界大戦の間、フォトイは、一九四三年にアメリカ国民になって、米軍に従事。彼は、国務省外務局員として日本、ブラジル、パキスタン、ナイジェリア、マラウィのＵＳＩＳ（米広報文化交流局）で働き、最後はワシントンＤＣで公務に従事しました。フォトイがいたＵＳＩＳは対外工作機関、いわばスパイ工作機関でした。

アメリカの巧妙な工作にも関わらず、放射能の恐ろしさを誰よりもよく理解している広島市民は、原子炉から生じる放射性物質の問題に着目し原子炉の建設を受容することはありませんでした。

広島に原子炉を建設する計画も、原爆資料館を原子力平和利用博物館に転換させる工作も失敗したのです。しかし、日本全体としてみた場合、原水爆禁止運動の中に「原子力の軍事利用ではなく原子力の平和利用を」という声を根付かせることには成功したと考えられています。

杉原芳夫の被爆者救援とＡＢＣＣ批判

本書には、ＡＢＣＣと協力関係にある広島大学原医研の助教授でありながら、ＡＢＣＣや米軍のやり方や放射能の影響はないとするＡＢＣＣと口裏をあわせる日本の医学界を厳しく批判した杉原芳夫のことが書かれています。杉原は、医師であり、有能な病理学者でしたが、広島大学の医学部では助教授どまりで教授に昇格したのは、総合科学部に移ってからでした。杉原は、原爆放射能による被害を告発し続け、それを隠ぺいするＡＢＣＣと協力する医療機関・研究機関、医学者、医師らを批判していました。日本原水協科学委員会に依拠し、その後も原水協の流れに属し、戦後の放射線医学、原爆医療の内幕を暴露するエッセイを度々書いていました。

杉原は、一九二一年愛知県生まれ。原爆投下直後の八月九日の時点ですでに「瓦斯（ガス）弾か」と得体の知れない放射性ガスの存在を疑っていた広島逓信病院院長の蜂谷道彦の系譜を継ぐ医学者です。杉原は、広島原爆投下後の三度にわたる岡山医科大学の救援隊・調査隊派遣の際にはまだ学生でしたが、蜂谷の下で恩師である玉川忠太岡山医大助教授兼広島医専教授とともに被爆者の病理解剖を行い、記録なども担当しています。

杉原を含む岡山医大の三四人の学生救援隊は、九月一〇日に岡山を出発し、翌日広島駅に着きました。杉原の師だった玉川忠太は、ケロイドは単なる炎症ではなく放射能の影響を受けた腫瘍の一種であると考え、広島逓信病院医師・勝部玄とともに、放射能の様々な影響を重視していました。杉原は、ケロイドが放射能の影響を受けた腫瘍の一種という見解に否定的な医学者、医師に対して批判的でした。杉原は、岡山での焼夷弾による火傷を受けた被災者の診療にあたっていましたが、ひとりもケロイドになったものはいないと言明しています。杉原は、ＡＢＣＣには協力できないとする京都大学の病理学教授・天野重安の毅然とした態度から多くを学んだ医学者でした。

時を経て、日本原水協科学委員会の一員となっていた杉原氏は、『放射能　原子戦争の脅威』（一九六〇年、三一新書）で、広島・長崎での放射能被害について、佐久間澄、庄野直美、小川修三、山手茂とともに執筆しています。また翌年一九六一年には、仲間とともに、原水爆禁止日本協議会専門委員会編纂による「原水爆被害白書――かくされた真実」（一九六一年、日本評論社）の執筆にも取り組んでいます。この本も、「恐るべき放射線障害」「残留放射線による被害」などの項目を設け、一瞬の放射線の被曝にとどまらない被害を探究したものとなっています。

一九七一年一二月二三日、杉原は、広島地裁での桑原忠男を原告とする「原爆訴訟」第三回口頭弁論で、原告側証人として証人席に立ち、「（明らかに原爆の影響を受けたと確定できる被爆者の）放射能障害かどうかわからない症状は、すべて放射能に原因していると考えるのが現在では正しい」と証言しています。杉原は、一九七二年刊行された「被爆二世　その語られなかった日々と明日」（時事通信社）でもＡＢＣＣと広大原医研の癒着を告発するなど終始、被爆者の立場にたった被爆医療の必要性を訴え続けました。

原爆症資料の保管に尽力した人々の努力の継承

杉原が尊敬した医学者に天野重安がいます。天野は、京都大学の病理学教授で、ＡＢＣＣには協力できないと資料の引渡しに抵抗した気骨の医学者でした。

残留放射能の一種である誘導放射能と白血病の関係に注目していた天野は、原爆の放射能と白血病の関係を明らかにしつつあった広島赤十字病院の山脇卓壮医師の研究がＡＢＣＣに歪められるのを防ぐために国際的な血液の学会に山脇の研究を紹介しました。

山脇が一九五二年の日本血液学会で発表した「広島に於ける原爆被爆者の白血病発現率及びその一部の臨床的観察に就て」によれば、広島の被爆者の白血病の発現率は非被爆者の約四倍、爆心地から二〇〇〇メートル未満での被爆者は非被爆者の約八倍という結果でした。

『原子爆弾災害調査報告』復刻版第四冊所収の天野重安らの論文「原子爆弾障碍時における骨髄像について」には、大野陸軍病院に被爆者の診療のため泊まりこんでいて枕崎台風による豪雨による山津波の被害にみまわれた大阪女子高等医学専門学校の女医四人の名前が列記されています。その名は、島谷きよ、森彰子、松本繁子、平田とも烝。このうち、島谷きよが死亡、森彰子、松本繁子が負傷ということが判明しています。

今堀誠二著「原水爆時代　現代史の証言」（上巻、一九五九年、三一書房）に、原爆調査団に参加した大阪高等女子医専の女医たちに関する次のような記述があります。

「医学班の宿舎となっていた附近の民家は流失を免れたので、ここの研究資料はたすかり、一ヶ月後に森彰子、松本繁子が京大に持ち帰った。彼女達も全身きずだらけになりながら、犠牲者に代わって資料を少しでも助け出そうと最善を尽くしたのである。この日から天野博士は弔い合戦のつもりで、夜を日についで研究を進めた。物理学の清水栄氏も剖検材料についてベーター放射能の強さ・時間などを測定してくれたので、研究上の基礎を固めることが出来た。かくして都築氏及びその影響下にあったアメリカ調査団が、ガンマ線を中心にして研究を進めていったのに対し、天野氏はベーター線で亜急性症状を解明することに成功したわけである」

天野が解剖した内臓・器官から発するベータ線の影響を考慮したのは、内部被曝に関心を寄せていたからです。天野は、その後、京大の学生組織に協力し、多くの原爆資料を貸して占領下で「原爆展」を開催しています。

杉原と早くから交流し、杉原のことを記憶し、本書に取り上げた肥田氏の先進的な知性にあらためて敬意を表したいと思います。

原爆調査にあたった日本人の医学者、医師、医学生は一〇〇〇人以上もいたといわれています。

しかし、こうした医学関係者のなかで権威者と呼ばれる人々はABCCに協力し、原子力産業の発展のために貢献することになりました。杉原や玉川、天野のように放射能の影響の深刻さに関心をもつ医学者は、次第に排除されていったのです。そのような恥ずべき歴史について、「【付録】「戦後にっぽん『放射線安全ムラ』形成史」(「ヒロシマからフクシマへ　戦後放射線影響調査の光と影」増補改訂版)にまとめています。出版元の溝江玲子さん、溝江航志さんの特別なご配慮に感謝いたします。この論考が読者のみなさんの被ばくの歴史の学習に役立つことを期待します。

戦後にっぽん「放射線安全ムラ」形成史

被ばくの歴史研究者　堀田《ほった》　伸永《のぶなが》

プロローグ

七三一部隊のヒロシマ

広島市の旧市民球場の北東にこんもりと樹木が生い茂った一画がある。この地域は、原爆投下以前、陸軍第五師団の根拠地であり、戦後は原爆スラムと呼ばれる住宅地に接する再開発計画地域だった。七〇年代、ここに美術館や図書館などが整備され、市内でも屈指の文化拠点となった。

二〇一一年の沖縄慰霊の日の午後、私はその一画に向かっていた。原爆投下目標にされた相生橋にも通じる東西の相生通りと南北の鯉城通りが交差する紙屋町の交差点の横断歩道が一〇年前に廃止されたため、その一画に行くには、地下街に降りて、「ひろしま美術館」の矢印に従って出口を探さなければならない。若い娘たちが足をとめるブティックやネイルアートの店を横目で見ながらどうにか地上にでて、美術館に辿り着くと、ようやく目的の広島市立中央図書館が見えてくる。そこは中央公園の一部で、樹木に囲まれた歩道をしばらく歩くと、夏でも涼やかな風が汗ばんだ首筋を冷やしてくれる。

図書館のエントランスに入ると、私は、すぐに二階の郷土資料室を訪ねた。七三一部隊の技師として一九四四年まで活動していた石川太刀雄丸《いしかわたちおまる》が原子爆弾について書いた記事の掲載誌を手にしてみたかったからだ。私がその資料の存在を知ったのは、この図書館が被爆六〇周年記念事業として二〇〇五年夏に開催した「被爆文献初期作品展」の展示資料目録だった。そこに石川の名前を見つけ、石川が原爆の被害調査のために広島を訪れたという記録との符合に驚愕した。図書館員にあらかじめ収蔵資料データベースで調べておいた請求番号を示すと、館員は端末を叩いて「書庫に取りにいって参りますので少々お待ち下さい」と告げた。書架に櫛比する本の背を眺めてしばらく待っていると、若い館員が薄い透明フィルムに包まれた赤茶けた小冊子を両手に載せて来た。全部で二〇ページ前後の薄っぺらいB5サイズのその雑誌は、一九四五年一二月二一日発行の「輿論」の第四号だ。表紙の用紙が本文のものと同じという粗末なもので、目次に「廿世紀の神話　原子爆弾　石川太刀雄」とある。

「石川太刀雄」とは石川太刀雄丸の別名だ。発行人は一九三七年一二月まで金沢医科大学の講師を務めた後、七三一部隊で結核と梅毒の研究班を率いていた二木秀雄《ふたきひでお》。出版元の「輿論社《よろんしゃ》」の本社の住所を見ると、「金沢市石浦町二八」と印刷されている。石川の論文には、原爆が爆裂した上空の距離、キノコ雲の高さ、熱線量などが実数で示されているが、全員即死の爆心からの半径、重症化する患者が多いエリアの半径の数値等は伏せ字になっている。一九四五年一〇月一日、都《つ》築《づき》正男《まさお》が原爆症についての論文を「総合医学」二巻一四号に発表しているが、伏せ字の分量は都築論文のほうが数倍多い。

原爆に関する記述が徹底的な検閲によって、あらゆるメディアから削除されていた米軍占領下の日本で、なぜ、石川は、原爆の物的・人的被害の詳細を把握することができたのだろうか。謎を解くカギは、原爆投下直後から数度にわたって広島に派遣された京都帝大の原爆調査班の成り立ちにあった。

京都帝大調査班にまぎれて

原爆投下直後にただちに調査班を広島に派遣した京都帝大は、九月三日から四日にかけて、さらに第二次調査班として医学部と理学部の教授らを広島に派遣した。班員は杉山繁輝《すぎやましげてる》、菊池武彦、真下俊一各教授ら四〇名にのぼり、二班にわかれて広島に入った。

広島市長崎市原爆災害誌編集委員会編『広島・長崎の原爆災害』（一九七九年、岩波書店）には、この京都帝大調査班に「後に金沢医科大学の石川太刀雄（病理学）らが加わった」との記述がある。金沢大学文学部の古畑徹教授の講演(二〇〇六年一二月一六日、金沢大学サテライトプラザ)によれば、杉山教授は、七三一部隊の病理解剖の顧問であった清野謙次《きよのけんじ》教授の門下で、一九四三年まで金沢医科大学の教授を兼務し、陸・海軍への研究協力にも力を注いでいた。同年九月、杉山教授の後任として金沢医大病理学第二講座の教授に就任したのが清野の門下生のひとり、石川太刀雄丸だった。石川は、一九三八年三月一〇日から一九四四年三月まで、七三一部隊でペストや流行性出血熱等の研究に携わる傍ら、病理解剖を担当していたため、解剖には慣れていた。

九月一〇日、陸軍のスタッフォード・ウォーレン大佐を含む日米原爆調査団が、大野陸軍病院を訪問している。広島平和記念資料館のウェブサイト「バーチャル・ミュージアム」には、九月一一日に大野陸軍病院で撮影された京都帝大調査班と米軍人それぞれ二名の写真が掲載されている。被爆者の遺体の解剖結果を説明している様子だという。同じ日、大野陸軍病院で撮影されたもう一枚の写真には、口髭をたくわえているスタッフォード・ウォーレンに良く似た米軍人と都築正男博士が写っている。杉山教授らは九月五日から一七日までに二二例の病理解剖をおこなった。解剖に関する資料は、二枚の写真にあるような場面で米軍側に提供されたのだろうか。

九月一七日、広島県を枕崎台風が襲い、夜一〇時三〇分頃、大野陸軍病院の山側一帯で山津波が起り、一瞬にして主要な病棟を呑みこんだ。この災害は、入院中の被爆者らのほぼ全員と職員合計一五六人が命を落とすという大惨事となった。京都大学原爆災害総合研究調査班も、二五人中、真下教授、杉山教授他の研究班員一一人が亡くなった。石川ら金沢医大の研究者の足取りは明らかではないが、山津波の夜は、すでに大野陸軍病院を離れており、難を逃れた。

原爆救護の場にもいた細菌戦の軍医と協力医学者

相原秀次所蔵の日本映画社の原子爆弾記録映画撮影隊の「広島日記」の九月二一日に、「船舶司令部軍医部長渡辺廉大佐を訪ねる」という記述がある。渡辺廉は、七三一部隊関連の軍医で、広州の中山大学に本部を置いていた南支那方面軍の防疫給水部、別名「波第八六〇四部隊」に所属していた。

波第八六〇四部隊防疫給水部長として様々な作戦に従事し、日本の敗戦の前年の一九四四年四月八日に広島の船舶司令部の軍医部長に着任していた。船舶司令部は、陸軍における原爆の救援の中心であり、原爆投下後の被災者救援の現場に七三一部隊系列の軍医がいたことは記憶しておくべきことだろう。

京大は、調査隊の殉難に際して、七三一部隊の協力者であった木村廉医学部長らを救援隊として派遣、九月二二日、京都を出発、翌日広島に着いた。木村も、他の教官らとともに「原子爆弾傷患者血清の細菌学的研究」を共同でまとめ、学術研究会議原子爆弾災害調査研究特別委員会に対し、報告している。都築正男が一九四六年一二月に木村廉に送った通知によれば、京都帝大医学部とともにも、石川が所属する金沢医大にも政府の学術研究会議事務局から研究費が配分され、支払われていたことがわかる。原爆投下後一年以上が経過しても研究が継続されていたことが窺える。長く継続して原爆調査を行った理由は何だったのだろうか。二〇一〇年八月六日に放送されたNHKスペシャル「封印された原爆報告書」での三木輝雄元陸軍軍医少佐の証言によっても原爆調査を七三一部隊などの戦争犯罪から逃れるためのカードとして使ったことが指摘されている。

一〇月一二日には、日本映画社の撮影隊は、七三一部隊関連の陸軍栄一六四四部隊で細菌戦の研究に従事した、東大伝染病研究所の小島三郎と邂逅。小島は、戦後、ABCCの研究を日本側から補完する国立予防衛生研究所の所長や「原爆被害対策に関する調査研究連絡協議会」広島・長崎部会長などを務め、やがて「放射線安全ムラ」の源流をなしていく。

第一章　日米軍事医学交流

「特殊研究」関係者の原爆調査

日米合同調査団への参加あるいは剖検材料の提供等、米軍の原爆調査に協力した日本人の名簿（笹本征男がまとめたもの）には、石川太刀雄丸の他に陸軍軍医学校防疫研究室元嘱託の緒方富雄東京帝大教授の名前も見える。また、文部省学術研究会議原子爆弾災害調査研究特別委員会の医科学会委員の名簿には、陸軍軍医学校防疫研究室元嘱託の木村廉京都帝大教授の名前も確認できる。

一九四五年八月七日、七三一部隊等「特殊研究」関係者の免責措置のために動いたという参謀本部第二部長の有末精三は、吉島飛行場から広島に入った。八月八日夕方、到着したばかりの仁科博士、陸軍省軍事課の新妻清一中佐らの一行に出会った。仁科らは、八月一〇日、京都帝国大学の調査班と邂逅、その晩、陸海軍の調査隊と調査結果を持ち寄り、「特殊爆弾」の正体が原子爆弾であることを確認しあった。新妻が保存していて後に広島平和記念資料館に寄贈された「特殊爆弾調査資料」という綴りは、広島爆撃調査報告書の草案として知られている。新妻は八月一五日に、七三一部隊関係の資料を含む特殊研究関連資料の焼却を指示した「特殊研究処理要領」を発した人物でもある。

田宮猛雄が率いる東京帝国大学伝染病研究所（伝研）は、八月二九日、赤痢に似た症状で死亡する事例が相次いでいる事態に関して広島県衛生課から調査依頼を受け、草野信男助手、臨床医二名、細菌専門医計五名を広島に派遣した。田宮は、東京帝大医学部長、伝研所長であると同時に、陸軍軍医学校防疫研究室の嘱託だった。伝研調査班は、厳島の寺に安置されていた女性の遺体を解剖、次に広島から三〇キロあまり離れた賀茂郡西条町（現・東広島市）の陸軍傷痍軍人西条療養事務所で三体ほどの被爆者の遺体を解剖し、他の医師が解剖した剖検材料とともに東京に持ち帰った。分析の結果、「広島における原子爆弾症の病理解剖（西条療養所の剖検例）」を文部省学術研究会議原子爆弾災害調査研究特別委員会に報告している。伝研調査班は、九月と一〇月にも広島で追加調査を行って七〇あまりの臨床例を調査している。

各調査団の軍医、医学者、科学者の多くは米軍の調査団にも協力した。米軍の調査団の中には、陸軍のスタッフォード・ウォーレン大佐、フリーデル中佐、海軍のシールズ・ウォーレン大佐のように、米国国内の放射能・放射線の影響を調べる人体実験を関係していた者が含まれていた。米側の医学者にとっても日本側の「特殊研究」の医学者の免罪が必要だった。徒に日本側の犯罪行為を追及すれば、自分の医療犯罪の発覚にも繋がるおそれがあった。「特殊研究」に従事してきた者どうし、戦勝国と敗戦国の違いを超えて研究成果を分かち合うために米軍側の医学者たちは日本の「特殊研究」者たちを許すことにしたのかもしれない。

千数百人の原爆調査

笹本征男が日本学術会議原子爆弾災害調査報告書刊行委員会編『原子爆弾災害調査報告書』第一・第二分冊（一九五三年、日本学術振興会）や米軍の英文報告書から抽出して作成した名簿は、五〇〇人にも満たず、笹本自身も実際は、この数倍またはそれ以上の科学者が関わっているだろうと推定していた。文部省学術研究会議原子爆弾災害調査研究特別委員会の医学科会には、委員三三名、研究員一五〇名の他に、助手一五〇〇名がいたとされる。
日米合同調査団への参加あるいは剖検材料の提供等、米軍の原爆調査に協力した日本人の名簿（笹本征男による）には、東京帝大医学部の都築正男、中泉《なかいずみ》正徳《まさのり》、筧《かけひ》弘毅《ひろたけ》、熊取《くまとり》敏之《としゆき》の他に陸軍軍医学校の御園生《みそのう》圭輔《けいすけ》、大橋成一、平井正民、井深健次、山科清といった医学者、軍医の名前も見える。

東京帝大の中泉正徳教授も、日米合同調査団、文部省学術研究会議原子爆弾災害調査研究特別委員会の医学科会委員として調査活動に参加した。

東京帝大医学部出身で、中泉の門下、陸軍軍医学校X線科教室教官の御園生圭輔は、出張中の山形で八月六日の広島への原爆投下を知った。八月一二日、御園生が東京に戻ると、陸軍省の第二次調査班員として、ローリッツェン検電器を携えた理研の木村一治、村地孝一らとともに、その日のうちに夜行列車で東京を出発し、広島に向かうことになった。八月一四日の朝に広島へ到着し、宇品の陸軍船舶練習部の駐屯する元大和紡績広島人絹工場に立ち寄った。元大和紡績広島人絹工場には、被爆直後から次第に重傷者が運ばれてきて、翌八月七日朝には収容者は数千人にも達していた。その後、調査班は、被爆者が収容されている似島の検疫所に出向き、ローリッツェン検電器を用いて人骨から相当量の放射能を確認した。陸軍軍医学校軍医の調査班は、医務局長に提出していた災害調査報告を九月一日付から「戦災再調査」に変更して原爆調査を継続し、八月末から九月中旬頃にかけて、東京帝大医学部関係者を加えた広島戦災再調査班を派遣し、原爆症後期障害の総合的調査を行なった。御園生も、一一月二一日まで調査を続けている。

八月二五日、宇品の元大和紡績広島人絹工場は「広島第一陸軍病院宇品分院」となった。九月九日、トーマス・ファーレル大将に加えて、スタッフォード・ウォーレン大佐らが、都築正男の案内で宇品分院を訪れた。

東京大学の第三内科（坂口内科）の熊取敏之医師は、この宇品分院で、原爆の医学的被害の調査にあたった。熊取は、東京帝国大学医学部医学科を卒業し、九月一四日に設置された文部省の原子爆弾災害調査研究特別委員会の医学科会に参加していた。調査と分析結果は、熊取らによって、「放射線症患者の熱、倦怠感および発症集計（広島市における調査）」他の三つの報告にまとめられている。

宇品分院では、東側の空地に三か所の焼き場を用意し、看護生徒数一〇人が担架で遺体を運び、衛生兵たちが亡くなった収容者の遺体を荼毘にふしていた。一〇月の分院の閉鎖までの間、軍医や医学者によって、約一〇〇体の死体解剖が、分院の一室で行なわれた。米軍は、内臓などのめぼしい剖検資料、診察記録等をすべて没収した。分院では、生存者の治療よりも解剖が優先される場面が多く、患者の介助・救援活動に従事したのは、看護婦と衛生兵が中心だった。

第二章　「美談」の眩惑

理想の科学者像に魅せられて

福島第一原子力発電所の事故で放射能による汚染が心配されはじめていた頃、一九五四年の第五福龍丸事件から一九五六年にかけての科学者の放射能汚染や放射線による人体への影響の調査研究活動のことがインターネット上でしきりに語られるようになった。ＥＴＶ特集「ネットワークでつくる放射能汚染地図　福島原発事故から二か月」（二〇一一年五月一五日放送、ＮＨＫ教育テレビ）の中では、第五福龍丸事件の直後に核実験の海域近くまで航海を続けて放射能の測定を実施した「俊鶻丸」の調査活動も紹介された。汚染の広がる地域や海域に自ら駆け付けて放射能を検査し、放射線量を測定したうえで事態を評価するという科学者本来のあり方が見えてくるのだろう。フクシマの事態を安全だとコメントする今日の科学者との対照のなかで、理想とされる科学者群像として捉えられているようだ。

確かに、一九五四年の第五福龍丸事件から一九五六年にかけて、焼津まで出かけて汚染された船体を調べ、乗組員を診断、あるいは、水産市場に自ら出向いて魚介類を汚した放射能を調査した医学者、科学者が大勢いた。全国各地で科学者個人、大学・研究機関の自発的な調査研究活動が広がり、その後の世界的な原水爆禁止運動や科学者運動の拡大に影響を与えた。福島第一原子力発電所の事故後の三月二七日に亡くなった生物物理学者の西脇安博士も、第五福龍丸事件が起こると、大阪の市場で魚介類の放射能を調査し、夜行列車で焼津に駆けつけ、船内から「死の灰」を採取した。西脇は、一九五四年八月二九日から九月一日にかけてベルギーのリエージュ大学で開催された国際放射線生物学会議で、後にノーベル平和賞を受けるジョセフ・ロートブラット博士らにこれらのデータを提供した。ロートブラットは、このデータにもとづいて使用された核爆弾が新型の「汚い爆弾」だということを解明し、これに反対する世界的な科学者の運動のきっかけをつくった。

国家プロジェクトの光と影

しかし、当時、大掛かりな調査研究活動の中核をなしたのは、厚生省所轄の「原爆症調査研究協議会」とその後継の「原爆被害対策に関する調査研究連絡協議会」を核とする、国家的プロジェクトだった。

一九五四年一〇月に厚生省に設置された「原爆被害対策に関する調査研究連絡協議会」には、同様に国家プロジェクトだった一九四五年の広島・長崎の学術調査団に参加した医学者、科学者が再結集した。原爆症研究の第一人者、都築正男をはじめとして、東大からは、中泉正徳、木村健二郎ら、東京第一病院からは熊取敏之ら、元理研から山崎文男、田島英三らが連絡協議会に関わっていた。

原爆被害対策に関する調査研究連絡協議会は、厚生省、文部省、運輸省、農林省だけでなく、一九五六年には原子力局も参加しており、原子力の平和利用を推進する科学者を中心にして、総括部会委員二六名、医学部会委員一一名、同専門委員九名、環境衛生部会委員一七名、同専門委員九名、食品衛生部会委員一五名、同専門委員一五名、広島長崎部会委員一三名、同専門委員二名という学術界全体に影響を及ぼし得る布陣をしいた。連絡協議会の権威は厚生省も認めており、一九五六年五月六日、連絡協議会特別委員会の答申にもとづいて、厚生省が放射能許容度を「国際基準の一〇分の一とする」と発表したこともあった。

連絡協議会の重要人物を中心に、広島・長崎の原爆調査や第五福龍丸事件以降の放射能影響調査に参加した科学者、医学者の有力な部分は、戦後の米国主導の核戦略・原子力推進体制をサポートし、結果的に国民には被曝の「受忍」を強いる「放射線安全ムラ」の有識者集団を形成していった。連絡協議会は、一九六〇年三月二八日、一九五八年七月に海洋観測で赤道海域を航行中に米国の水爆実験の死の灰を浴び、翌年八月三日、急性白血病で死亡した海上保安庁観測船「拓洋」の永野博吉首席機関士の死因について「核実験の放射能とは直接関係ない」と放射線安全ムラに都合のよい結論を出している。

第三章　原子力ムラの源流

原爆症研究組織が放射線安全ムラの拠点に

「原爆症調査研究協議会」は、一九五三年一一月、広島・長崎の被爆者の原爆後遺症の治療方法究明のために設置された連絡組織だった。事務局は、広島と長崎にある米国の原爆傷害調査委員会（ＡＢＣＣ）にそれぞれ支所（原子爆弾研究所）を置き、連携していた国立予防衛生研究所内にあり、米国の原爆の人体影響研究の補完を前提としていた。第五福龍丸事件以降は拡充され、臨床小委員会は国立東京第一病院や、東大医学部の若手の医師によって補強され、乗組員の治療、放射性降下物による環境や農・水産物の汚染調査にあたっていた。

「原爆症調査研究協議会」は、折から始まった国家の原子力事業推進体制と結びついた。特に、後継の「原爆被害対策に関する調査研究連絡協議会」や併設された日本学術会議放射線影響調査特別委員会は、一九五五年以降の原子力委員会や日本原子力研究所、原子力産業会議、放射線審議会、原子力安全委員会の役員等、原子力行政に関わる人物を数多く輩出した。今日の「原子力ムラ」、「放射線安全ムラ」の源流となる組織のひとつだった。その中には、広島・長崎の原爆調査団、すなわち文部省学術研究会議原子爆弾災害調査研究特別委員会や日米合同調査団、陸軍軍医学校や大本営等の調査団に関わった科学者、医学者も少なからず含まれている。

一九五六年五月から七月にかけて、原子力委員会の専門委員には、山崎文男、都築正男が任命されていた。日本原子力研究所の理事には木村健二郎らが名を連ねた。日本学術会議放射線影響調査特別委員会の委員長だった茅誠司は、一九五六年九月には原子力委員会参与に任命されていた。茅は、同時に、原子力産業会議の顧問、放射性同位元素協会会長でもあった。特別委員会幹事だった藤岡由夫は、一九五六年一二月発足の原子力委員のひとりとなった。

学者集団と原子力産業の接近

中泉正徳は、一九五六年九月に原子力委員会参与となり、あわせて日本原子力産業会議参与、日本原子力研究所理事に就任した。中泉は、原爆が投下された時に設置された文部省学術研究会議原子爆弾災害調査研究特別委員会の医学科会の委員であり、第五福龍丸事件では東大医師団の中心となって働いた放射線医学の権威だった。中泉は、原子力の平和利用には賛成の立場で、一九五四年三月三〇日の参議院連合審査会で、「原子力の平和的な応用ということは、非常に望ましいことであって、大いにやらなければならんことだ」と答えていた。中泉は、一九五六年度末で東京大学医学部を退官すると、同年五月には米国の原爆医学調査機関「原爆傷害調査委員会」（ABCC）の準所長に就任し、原爆影響の日米共同研究に道を拓いた。中泉の門下生で陸軍軍医学校のレントゲン教官として広島の原爆調査に携わった御園生圭輔も、後年、ABCCとの連携を謳う放射線医学総合研究所所長の座についた。広島の原爆調査に参加し、第五福龍丸の乗組員の主治医として有名になった熊取敏之も、放射線医学総合研究所の部長となり、後年、御園生の後任者として、同研究所の所長となった。

広島・長崎の原爆調査のための「文部省学術研究会議原子爆弾災害調査研究特別委員会」に参加した古株の科学者らも原子力事業との連携に活路を見いだした。一九四五年八月八日に技術院の広島の調査に参加した松前重義は、一九五五年には社会党右派の衆議院議員として、与党議員とともに原子力合同委員会を立ち上げ、原子力基本法を成立させた。文部省学術研究会議原子爆弾災害調査研究特別委員会電力通信科会長だった瀬藤象二は、一九五六年、原子力委員会専門委員、原子力委員会参与に任命され、後に日本原子力事業株式会社社会長に就任した。

物理化学地学科会委員だった菊池正士は、原子力委員会参与をへて、一九五九年には日本原子力研究所理事長に就任した。同じ物理化学地学科会委員を務めた嵯峨根遼吉は、原子力委員会参与となり、その後、日本原子力研究所副理事長、日本原子力発電株式会社副社長などを務めた。一九五七年九月に第一回の会合が開催された放射線審議会には、文部省学術研究会議原子爆弾災害調査研究特別委員会医学科会委員だった都築正男と物理化学地学科会委員だった木村健二郎が会長と会長代理となり、中泉も、医学科会委員だった筧弘毅らとともに、委員として名を列ねた。

こうして、被爆や放射線障害の実相を誰よりも科学的に理解し、原水爆禁止や死の灰の恐怖を訴えていた科学者、医学者たちは、実験用原子炉建設、アイソトープの活用などを入り口にして、内部被曝、低線量被曝の問題から目をそらしはじめ、原子力行政、原子力関連産業の利益共同体に取り込まれていった。これこそが「放射線安全ムラ」の源流と言えるだろう。

こうした戦後の原爆調査研究の歪んだ歴史の反省抜きには、広島・長崎、第五福龍丸の体験をフクシマの現実には活かすことはできないだろう。

第四章　残党の系譜

予研主導の研究集約組織

原爆症調査研究協議会を調べてみると、戦時中の「特殊研究」畑の研究者との繋がりに気づく。そこには、石川太刀雄丸の名前こそないが、協議会事務局は、陸軍軍医学校防疫研究室の元嘱託ら、石井機関の残党が集まる国立予防衛生研究所（予研）内にあった。協議会の会長には七三一部隊の司令塔「陸軍軍医学校防疫研究室」嘱託だった予研の小林六造《こばやしろくぞう》所長が就任していた。

一九五四年五月一日には、第五福龍丸事件に対応し、日本学術会議に放射線影響調査特別委員会が設置されることになったが、この委員会でも小林六造は医学班の班長を務めた。医学班には、都築正男、中泉正徳に加えて、ＡＢＣＣの槙弘、予研の永井勇らがいた。

同年一〇月一五日、政府は、「原爆症調査研究協議会」を拡大・強化し、厚生省内に「原爆被害対策に関する調査研究連絡協議会」を発足させた。会長には、日本医大の塩田広重学長が就任し、総括、臨床、環境衛生、食品衛生、広島・長崎の五部会が編成され、七五人の医学者・科学者が結集した。

連絡協議会の事務局は、国立予防衛生研究所ではなく、厚生省内に置かれたが、副会長には、またしても小林六造予防衛生研究所所長が就任し、「広島・長崎部会」部会長には七三一部隊の兄弟部隊として知られる南京第一六四四部隊の一員だった予研の小島三郎副所長が任命された。

連絡協議会には、さらにもうひとり七三一部隊の関係者がいた。環境衛生部会に四月から五月にかけて横浜・川崎両港に入港した民間船の放射能汚染調査などを報告した、横浜医科大学放射線科の宮川正教授もかつては闇の部隊の一員だった。一方、連絡協議会の食品衛生部会は、同年末のマグロの放射線検査打ち切りの判断を下した中心となった。一九五四年一二月二二日、食品衛生部会が『マグロはもう大丈夫』と発表。一二月二五日、厚生省がマグロ検査の中止を決定、二九日にマグロ検査の廃止を閣議決定、東京都もマグロ等の検査を廃止した。

七三一部隊宮川班

宮川正は、一九一三年二月八日、海軍の街、広島県呉市に生まれた。父の仕事の関係で東京都に移り、海軍士官の親睦組織「水交社」のある飯倉で育った。旧制第八高等学校をへて、東京帝国大学に進学した。晩年、東京大学医学部の名誉教授であったため、亡くなった時、同大学の「学内広報」(一二三二号、東京大学広報委員会、二〇〇二年三月一三日発行)に訃報が掲載された。訃報に添えられた略歴によると、宮川は、一九三七年に東京帝国大学医学部医学科を卒業後、同大学助手を経て陸軍軍医将校として「戦時医療に従事した」とされる。助手時代の一九四一年一〇月、『日本医学放射線学会雑誌』にX線計測器に関する論文「蓄電器式電離槽ニ就イテ」を別の研究者とともに共同で発表している。指導したのは、第五福龍丸の乗組員の診療にあたった東京大学放射線教室の中泉正徳教授だった。一九四二年一二月一日、宮川は、博士論文「エックス線回転照射を行いし食道ガン患者の剖検所見より『エックス』線配量問題を論ず」によって東京帝国大学から医学博士の学位を授与された。

一九四四年三月四日、宮川は、関東軍防疫給水部本部に配属され、七三一部隊のレントゲン担当となった。第一部細菌研究部第三課の吉村寿人の下には、レントゲン担当のふたつの班――宮川が班長を務める宮川班と在田勉(任期・一九三九年四月五日〜一九四四年八月二五日)が班長を務める在田班があった。

西野瑠美子が取材したレントゲン班の元隊員の証言によれば、男性用の収容棟と女性・子ども用の収容棟にそれぞれ一カ所ずつレントゲン室があったとされる。細菌に感染させるマルタ（被験者）の健康診断のためのエックス線撮影が主な仕事で、部隊敷地内の隊員と家族のための診療所でもレントゲン診断を行った（西野瑠美子「七三一部隊――歴史は継承されないのか――元部隊員たちを訪ねて」『世界』一九九四年四月号掲載）。健康なマルタの病変の経過を見ることが部隊の関心対象だったため、健康診断を受けさせ、健康と判定されたマルタだけが人体実験の対象になった。

レントゲン班でも、人体実験が行われていた。西野が取材したレントゲン班の元隊員の証言によれば、「レントゲンを肝臓に当てる実験にたちあった」といい、レントゲン班では、細菌に感染したマルタのレントゲン撮影を一定の期間をおいて実施したとされる。

これと似通った匿名の七三一部隊班長の証言が吉永春子の書き下ろし『七三一　追撃・そのとき幹部達は』（二〇〇一年、筑摩書房）に収録されている。肝臓にレントゲンを照射して致死量を確認する実験を行ったという証言は、ＴＢＳテレビで一九七六年八月一五日に放送されたドキュメンタリーのために吉永らが行ったインタビューの中で行われたものだった。内容から、匿名の証言者は宮川ではなく、もうひとつのレントゲン班の班長と推察される。

宮川は、戦後、亀井文夫監督の記録映画「世界は恐怖する――死の灰の正体」（一九五七年）の撮影に協力している。この映画には、宮川も理事を務めていた日本放射性同位元素協会（後の

（「日本アイソトープ協会」）や山崎文男、村地孝一らの科学者も協力していた。映画には、放射線を長時間、実験用のマウスに照射して死に至るまで観察する実験が記録されている。ネズミへの放射線照射の映像は、映画の中では、あくまで放射線の恐ろしさを実感させる素材として使われているが、一面では七三一部隊が死に至る人体実験の様子をフィルムに記録したという証言を彷彿させるものだった。一九六〇年八月には、茨城県東海村の日本原子力研究所で宮川らがネズミにガンマ線を照射し、被曝時の生体変化を観察する実験を実施すると報道されたこともあった。

宮川が七三一部隊でレントゲン班の責任者だったことは消せない事実だが、宮川が直接行ったとする人体実験の具体的な証言や記録は今のところ確認されていない。

公職追放されず

七三一部隊の各部の責任者ら幹部は、一九四五年の八月末には帰国していたといわれているが、宮川正の復員時期は明らかではない。宮川は、敗戦後、東京帝大医学部の放射線教室に戻ることもなかった。前述の宮川の略歴によれば、敗戦の翌年の一九四六年に「逓信省病院」から医師としての再スタートを切ったとされる。ちなみに、職員とその家族限定の職域病院であるはずの東京逓信病院には石原莞爾が同年八月まで膀胱癌治療のために入院し、院内でＧＨＱの尋問を受けた記録がある。

宮川は、GHQの統治下で戦犯として罪を問われることもなく、公職追放の指定も受けなかった。GHQによる戦犯訴追を免責されたとされる七三一部隊の幹部も、石井四郎が一九五二年三月二四日付で公職追放解除と戦後の国会答弁で報告されているように、公職追放の対象となった時期があった。戦時医療体制下で各都道府県医師会の支部長を務めたことのある医師たちも、新しい医師会の役員人事から除外された。軍医経験者に対する風当たりも強く、一九四六年八月三日には、海軍軍医を長く務めた都築正男東大医学部教授が公職追放指定により、失職している。幹部クラスの軍医経験者の中には、極東軍事裁判で、捕虜虐待死等の嫌疑で戦犯として訴追され、死刑に処された者もいる。これらの事例とは対照的に、宮川が公職追放を受けなかったのはいったいなぜなのだろうか。

第五章　放射線医学への「脚光」の下で

予研・ABCC体制

一九四六年一一月三〇日から翌月の初めにかけて、ABCCの人体実験医オースチン・ブルースら調査団が公職追放中の都築正男の案内で東京帝国大学付属病院を訪問した。その際、中泉正徳が酵母菌や藻類に放射線を照射する戦前の実験結果について報告している。調査団と都築は、研究室の付いた専用列車で移動し、京都帝大、大阪帝大、呉市、広島市、広島赤十字病院、九州帝大、長崎市、長崎医科大学病院等を訪問し、一二月二二日に東京に戻っている。ブルースら調査団と都築は、一二月二六日、東京帝大伝研の田宮猛雄、二七日には陸軍軍医学校防疫研究室元嘱託の緒方富雄とも面会している。伝研所所長や防研の有力な元嘱託――「石井機関」、七三一部隊関連の研究者と会うことによって、ABCCに協力する日本人側の研究者の人脈づくりを模索したものと考えられる。

ブルースらABCCは、広島・長崎の被爆者に対する長期的な遺伝調査計画を立案し、その実行のために都築の継続的な協力を求めた。広島赤十字病院の一部を借り受け、ABCCが開設。これに対して、GHQは一九四七年三月二四日付で、都築に対し、公職追放の六カ月猶予と原爆の医学的影響調査研究の継続を認める決定を下した。

一九四七年五月二一日、GHQと日本政府は、東京帝大から伝染病研究所を切り離し、これを国立予防衛生研究所（予研）として設立した。戦前の「特殊研究」を継続しながら、ABCCの調査研究にも対応する体制づくりが始まった。五月三〇日、シールズ・ウォーレン海軍軍医大佐らが広島市を訪問した後、六月三日と六日に、ABCCの遺伝計画に関して、予研関係者との会談が行われ、シールズ・ウォーレン、小林六造、小島三郎、公職追放中の都築正男らが出席した。シールズ・ウォーレンもまた米国国内での人体実験に関わってきた軍医だった。

七月一日、ＡＢＣＣが正式発足した。予研とＡＢＣＣの連携体制が構築されることが確実になると、ＧＨＱ民政局は、同年七月一八日に、都築正男の公職追放除外を取り消す決定を出している。中泉正徳は、都築にかわって、原爆症研究の権威になっていった。一九四八年一月、予研が正式にＡＢＣＣの研究に参加した。二月三日には、予研原爆傷害部遺伝委員会とＡＢＣＣの合同会議が東京都内で開かれ、日本側から小林六造、永井勇、前月に起きた帝銀事件の被害者の遺体解剖を行った医学者、古畑種基《ふるはたたねもと》らとともに中泉も出席している。中泉が予研やＡＢＣＣの関係者に認められていた証しだろう。

大学教授、政府組織の委員へ

宮川正は、一九四九年「科学朝日」八月号の皆川理らとの座談会「放射能とは何か」に国立東京第一病院の医師として登場し、放射線の医学的な利用等について説明している。国立病院の勤務医になったことは、七三一部隊時代の行動について「お咎めなし」のお墨付きが得られていた証しだろう。ちなみに同月号には、奇遇にも七三一部隊の支援者であった清野謙次が「日本人種の生い立ち」を寄稿している。宮川は、一九五三年に横浜医科大学の教授となり、やがて放射線治療の分野で名が知られるようになっていった。横浜医大の当時の学長、高木逸磨は、東京帝大教授、伝染病研究所員、同仁会華北中央防疫処長などを歴任した人物だった。同仁会は、七三一部隊と繋がりの深い宮川米次《みやかわよねじ》東大名誉教授（一九五九年死去）が副会長を務めていた医療機関だった。華北中央防疫処では発疹チフスのワクチン製造用のシラミの飼育箱を中国人労働者の皮膚に密着させ、吸血させたという報告が一九四三年発行の同仁会の刊行物に掲載されている。七三一部隊の関係者の戦友会である「精魂会」の名簿（日韓関係を記録する会編『資料・細菌戦』〔一九七九年、晩聲社〕）を見ると、横浜医科大学時代以降の連絡先と思われる住所が掲載されている。宮川正と七三一部隊の関係者との繋がりは戦後もある時期まで、維持されたものと考えられる。

宮川正は、戦後は主に放射線治療を専門としており、原爆症の研究には関与していなかった。恩師の中泉正徳は、単独講和条約が発効した後の一九五二年五月、都築正男とともに、日本学術会議に設置された「原子爆弾災害調査研究班」の世話人となっていた。第五福龍丸事件が起こると、宮川は、四月から五月にかけて横浜・川崎両港に入港した民間船の放射能汚染調査と、五月からの横浜市内の上水道の放射性物質の測定を開始した。これが評価されたためか、宮川は、一〇月に厚生省に設置された「原爆被害対策に関する調査研究連絡協議会」の環境衛生部会の委員に任命されることになった。

小林六造が副会長、小島三郎が「広島・長崎部会」部会長という予防衛生研究所が重要ポストを占めるこの組織は、広島・長崎の被爆者の治療指針や放射性物質障害の有無に対する健康診断基準、放射性物質に対する許容度の考え方等を示すと同時に「原子力の平和利用」を是とし、それから得られる利益が大きければ一定の被曝は我慢すべきとする「放射線安全ムラ」の科学者・

医学者の拠点のひとつとなっていった。

第六章　原子力時代の「受忍」

原子力とともに

一九五六年三月一六日、宮川正は、恩師の中泉正徳が国連科学委員会に出かけている間、「原水爆実験に関する問題」を審議する衆議院外務委員会に参考人として出席した。

宮川は、第五福龍丸の船員以外の日本人の被災について、第八順光丸等の乗組員が放射線障害と思われる症状で苦しんでいたにも関わらず、「これといって目立った放射性障害というものはおそらくなかっただろうと思います」と推論を展開している。宮川は、米国原子力委員会から発表されていた、四月二〇日以降八月末日までのエニウェトク環礁付近での原水爆実験に関しても、「ビキニ程度あるいはそれ以下の実験であれば、おそらく今度の海産物も安全度以内のものでとどまるであろう」と楽観的な見解を示した。

中泉正徳は、三月いっぱいで東京大学医学部の教授を退官した。四月からは、入れ違いで、宮川が東大医学部放射線医学講座の主任教授となった。宮川は、五月一六日、原子力委員会の「国立放射線医学総合研究所設立準備小委員会」の五人の専門委員のひとりに任命された。宮川は、この年、原子力産業会議ＲＩ（ラジオアイソトープ）委員、日本放射性同位元素協会理事でもあった。

宮川は、陸上で待機して航前と帰還後に乗組員や船体等の放射線量を計測する要員のひとりとして、五月二六日からスタートする俊鶻丸の第二次調査に参加した。俊鶻丸二次調査は、水産庁主導だった一九五四年の第一次調査と異なり、原子力委員会主導の調査になっていた。技術顧問団の団長は、原子力委員の藤岡由夫で、計測班顧問にも原子力研究所理事の木村健二郎が加わっていた。当時の『原子力委員会月報』によれば、五月二六日一二時半から竹芝桟橋で挙行された壮行式には、正力松太郎原子力委員会委員長ら関係者が参列し、経済団体連合会出身の石川一郎原子力委員のリードによる万歳三唱もあった。原子力委員会の正力委員長の「はしがき」のある「昭和三一年版　原子力白書」には、俊鶻丸の第二次調査について、「核爆発影響の調査研究は今後の原子力平和利用に伴う放射線障害防止に資するところ少なからず」との見地から準備が進められたという記述がある。

宮川は、一九五六年に日本学術会議原子力問題委員会の放射線影響調査特別委員会委員に選ばれたのに続いて、翌年五月二五日には、原子力委員会の放射能調査専門部会（部会長・都築正男）委員にも任命された。宮川は、一九五八年九月一日、ジュネーブで開かれた第二回原子力平和利用国際会議にもアイソトープ・生物学関連のふたつのグループの責任者のひとりとして出席している。

七三一部隊関係者のなかで、原子力行政にこれほどまでに、食い込んだ者は、宮川以外には見当たらない。そうした意味で宮川は部隊の元関係者の中では特異な存在だった。宮川は、その後、医用アイソトープや医用原子炉の活用に突きすすんでいったが、発電用の原子炉に対しては、意外にも核実験と本質的には同じものとして懐疑的だった。

一九五七年「中央公論」七月号の中島健蔵らとの座談会「死の灰のゆくえ」では、原子力エネルギー利用と核実験を比較して宮川は、次のように述べている。

「(原子力エネルギー利用は)核爆発実験を一時に行うのを徐々に行うわけですが、フィッション・プロダクト(引用者注＝「核分裂生成物」)ということに関してはやはり同じです」

「核爆発実験だからこそ、こんなに汚染されてはいけないというけれども、これがもし発電とかその他の平和利用ということであれば、あるいは文句がいえないかもしれない。けれども障害の面においては同じなんです」

「受忍」論の追認

陸軍軍医として広島の原爆調査にあたった御園生圭輔は、戦後、長らく結核予防会の保生園の責任者を務めていた。御園生の上司だった隈部英雄(当時、結核予防会専務理事)が、一九五五年五月三〇日、都築正男とともに、英、仏、ソなど九カ国の医学者と協力して、放射線影響国際学術懇談会を、東京、大阪、広島、長崎で開催したこともあったが、御園生はこの会議で活躍した形跡がない。中泉正徳の門下生という共通のコネクションがあったのだろうか、一九五七年には、宮川正が「総論」を書き、「肺臓」の項目を御園生圭輔が書いた論集『X線診断学』(文光堂書店)も出版されているが、御園生は宮川のように、一九五〇年代の原子力の平和利用ブームに乗って原子力行政に関わることはしなかった。

御園生は、一九六七年から一九七八年まで国立放射線医学総合研究所(放医研)所長を務めた。御園生は、放医研所長になると、宮川らとともに政府と原子力委員会の方針を追認する有識者としての役割を果たすようになった。一九六九年五月、原子力委員会は、「サイクロトロンによる中性子線医用懇談会」を設置したが、メンバーには御園生の他、広島・長崎の原爆調査にも参加した筧弘毅、山崎文男と並んで、宮川の名前もあった。

御園生は、放射線医学総合研究所所長五年目の一九七一年一一月一〇日、衆議院科学技術振興対策特別委員会で、国立予防衛生研究所の柳沢謙(陸軍軍学校防疫研究所元嘱託)所長とともに、広島県選出の大原亨議員(日本社会党)のABCCの調査研究活動に関する質問に次のように答弁している。

大原　ABCCの調査研究活動の中で、たとえば広島、長崎の市民だけではなしに、全国的にいろいろな問題が提起されました。市民がモルモットになっておるのではないか、あるいは米国の原子力戦争のいわゆる軍事利用の側面をになっておるのではないか……

柳沢　ABCCと予研とのこの研究は、先ほどモルモットがわりとかとおっしゃいましたけれども、東西古今、これ以後あってはならない実験で——実験といえば実験で、落とされたわけですから、ありますので、これはしっかりとひとつやってくれ。そしてまた、発表された研究については非常に高く各国が評価しているということも、私はいろいろな外人から聞いておる次第であります。

大原　私は放医研の所長にお伺いしたいのは、いまお話がありましたABCCの今日までの研究の結果についての評価ですね、これについて放医研はどのような評価をされているか、お考えを持たれるか、端的にお伺いしたい。

御園生　ABCCがいままでなさいました研究調査結果というものは、これはもちろん原爆被爆者の医療という点で非常に有効な役割りを果たしておりますけれども、それ以外に原子力の平和利用という上から考えまして、人間についての貴重なデータという意味から申しまして、われわれのやっておりますいろんな研究あるいはその他の研究所や大学で行なっております研究を人間について評価しようとする場合には、このABCCの従来の研究調査結果というものは非常に大きな役割りを持っておりまして、そういう意味でわれわれはABCCの業績を非常に高く評価しております。

柳沢の狼狽と御園生の柳沢への配慮の意図が窺える。ところで、御園生の恩師である中泉正徳がABCCの準所長として活動したのは、一九五六年から一九六四年にかけてのことだった。中泉を知るシーモア・ジャブロンは、一九九一年に次のように回想している。

「日本人放射線科医の長老であった中泉正徳氏は、ABCCと日本の放射線学界との関係を円滑にすることができた。」(放射線影響研究所公式ウェブサイト内)

一九七九年五月一八日、御園生は、厚相の諮問機関である原爆被爆者対策基本問題懇談会の委員の七人のひとりに選ばれた。当時、御園生は、一九七四年から原爆被爆者医療審議会長でもあった。一九八〇年一二月一一日、答申が出されたが、戦争という「非常事態」下では、その被害については国民には等しく受忍する義務があるとしていた。原爆の後遺障害の特殊性を指摘しながらも被爆者への援護は「国民的合意を得られる公正妥当な範囲」に制限していた。原爆の後遺症被害の特殊性の指摘はあったものの、内部被曝による被害は軽視された。

御園生が原子力安全委員会委員長在任中の一九八六年一九八七年五月二八日付で、原子力安全委員会の下部機関「ソ連原子力発電所事故調査特別委員会」が発表した「調査報告書」では、「チェルノブイリ事故と同様な事態になることは極めて考え難いとの結論に達した」と日本の原発の安全性を強調し、「我が国の防災対策の枠組みを変更すべき必要性は見出されないとの結論を得た」と対策の見直しは、不要であるとされていた。

一九八八年四月、御園生の後を継いで放医研所長となっていた熊取敏之は、「チェルノブイリ原発事故被曝者の放射線障害——実態と治療」(『日本臨床』四六巻・四号)という報告を書き、事故被災者、周辺住民の疫学調査が「人における放射線影響に関し、極めて貴重なデータを提供し、将来の原子力開発に大きな貢献をなすものと思う」と、疫学調査の目的が被災者の治療のためではなく原子力開発の発展のためであるとも受け止められかねない記述を残した。第五福龍丸事件で乗組員の治療に尽力した熊取も御園生と同様に原子力産業の守護神のひとりになってしまっていた。

エピローグ

広島・長崎の原爆調査や第五福龍丸事件以降の乗組員の診断や放射能調査に加わった人々のほとんどが鬼籍に入った。

中泉正徳は、ABCC準所長を辞した後、原爆小頭症の研究班を率いて、救済に繋がる解明を行い、一九七七年に亡くなった。御園生圭輔は、阪神淡路大震災が起きた一九九五年に八二歳で亡くなった。御園生は、広島第一陸軍病院宇品分院の様子を写した写真帳を大切に保存していた。被爆者手帳をあえて申請しなかったという。熊取敏之は、二〇〇四年に亡くなった。第五福龍丸事件三〇周年を特集した、アイソトープ協会の一九八四年の会報に当時の回想を寄稿した熊取は、米国側の乗組員に対する過酷な検査の申し入れに対して、患者の意思を尊重した結果、最終的に拒否したことや、久保山無線長が米軍によって撃沈されることを怖れ、核実験による被災を全く打電しなかったことを書き残している。熊取も、若い頃の初心だけは忘れていなかったのだろう。チェルノブイリ事故からの教訓として、熊取は、「大事故の潜在的可能性がある限り」「医療に関わる者は真剣に事故対策を考えることを強調したい」（『日本臨床』四六巻・四号、一九八八年四月、前掲論文）と警告もしていた。

中泉らも関与した原爆症調査研究協議会は、第五福龍丸事件以前の一九五四年一月の段階で「原子爆弾後障害症治療指針」を策定しており、俗にいう「ブラブラ病」を「慢性原子爆弾症」として位置づけ、「慢性原子爆弾症の人々に、何らかの異常を認めた場合には、たとえ対症的の処置だけでも、これを施して善処するのが臨床医学の責務ではあるまいか」（一九五四年八月、日本医師会雑誌第三四巻第一二号）としていた。この指針は、その後改訂を重ね、近年の原爆症認定訴訟のよりどころにもなっており、一九五八年八月一三日の厚生省公衆衛生局長通知「原子爆弾後障害症治療指針について」の叩き台にもなったが、その後、政府はこの治療指針を闇に葬ろうとした。

日本の原爆影響研究、放射線影響研究は、一九五〇年代の半ばまで先進的な役割を果たしたが、やがて米国優位の研究体制と原子力産業への迎合によって歪められ、被爆者と国民への「受忍」

の押しつけに加担してしまった。この負の歴史は、原子力関係労働者の被曝死の「隠蔽」や今日の福島原発事故の被災者への「受忍」強制へと繋がっている。こうした事実と向き合った真摯な反省を抜きにして、「ヒロシマ・ナガサキの経験をフクシマへ」のスローガンを掲げても空しいだけだ。

参照文献・サイト一覧（本文中に出典を明記したものは原則的に除く）

『昭和三一年版原子力白書』（一九五四年、原子力委員会）
『原子力年鑑一九五七年版』（一九五七年、日本原子力産業会議）
第五福竜丸平和協会編『ビキニ水爆被災資料集』（一九七六年、東京大学出版会）
日韓関係を記録する会編『資料・細菌戦』（一九七九年、晩聲社）
広島原爆障害対策協議会編『第二〇回原子爆弾後障害研究会講演集』（一九八〇年、広島原爆障害対策協議会）
三宅泰雄『かえれビキニへ――原水爆禁止運動の原点を考える』（一九八四年、水曜社）
川名英之『ドキュメント　日本の公害　第四巻　足尾・水俣・ビキニ』（一九八九年、緑風出版）
核戦争防止・核兵器廃絶を訴える京都医師の会編『医師たちのヒロシマ――原爆災害調査の記録』（一九九一年、機関紙共同出版）
中川保雄『放射線被曝の歴史』（一九九一年、技術と人間）
秦郁彦編『日本陸海軍総合事典』（一九九一年、東京大学出版会）
笹本征男『米軍占領下の原爆調査――原爆加害国になった日本』（一九九五年、新幹社）
『金沢大学五十年史　通史編』（二〇〇一年、金沢大学創立五十周年記念事業後援会）

岩垂弘『「核」に立ち向かった人びと』（二〇〇五年、日本図書センター）
古畑徹「七三一部隊と金沢」（二〇〇六年一二月一六日、金沢大学サテライトプラザにおけるミニ講演、金沢大学学術情報リポジトリKURA）
科学技術庁原子力局『原子力委員会月報』各巻一覧（内閣府原子力委員会ウェブサイト内）
ヒロシマ平和メディアセンターウェブサイト（中国新聞社）
国会会議録検索システム（国立国会図書館）

肥田舜太郎（ひだ しゅんたろう）

1917年、広島生まれ。1943年、日本大学専門部医学科卒業。1944年、陸軍軍医学校を卒業し、軍医少尉として広島陸軍病院に赴任。1945年8月6日、原爆に被爆。直後より被爆者救援・治療にあたる。以来、2009年に医療活動から引退するまで、被爆者の診察を続ける。
1953年、全日本民主医療機関連合会（全日本民医連）創立に参加。全日本民医連理事、埼玉民医連会長、埼玉協同病院院長、日本被団協原爆被爆者中央相談所理事長などを歴任。また、被爆医師として、現在も、日本や海外で被爆の実相を語りつつ核兵器廃絶や原発の危険性を訴えている。
著書に『広島の消えた日―被爆軍医の証言』（影書房）、『ヒロシマを生きのびて―被爆医師の戦後史』（あけび書房）、『ヒロシマから「内部被ばく」と歩んで』（クレヨンハウス）など多数。

ヒロシマの記憶　原発の刻印
――ヒロシマを知り原発を考える――

2013年8月6日　初版第1刷発行

著　者　肥田舜太郎
発行者　溝江玲子
発行所　遊絲社
〒639-1042　奈良県大和郡山市小泉町3658
電話／FAX　0743-52-9515
e-mail　anz@yuubook.com
URL http://www.yuubook.com/center/

印刷・製本　亜細亜印刷株式会社
ISBN978-4-946550-37-9　C0095

◉悲劇を悲劇のままで終わらせないために。

小出裕章　原発と憲法9条

京都大学原子炉実験所助教　小出裕章　著　定価1400円＋税

「この国が原子力を進める意図はどこにあるのか。要するに核兵器を持ちたい、こういうことなんだと私は思っています。そう思いながら……いや、それを知りながら、何の抵抗もしないまま生きることは、私には出来ません。」

歴史を見つめ、事実と向き合い、未来につなげる。一貫して原子力に反対してきた小出裕章の、渾身のメッセージ！　**未来は、私たちの手の中にある。**